Wie weit muss man weggehen, um von seiner Herkunft eingeholt zu werden? Peter Richter, von 2012 bis 2017 Kulturkorrespondent der »Süddeutschen Zeitung« in New York, schaut seinen Landsleuten von Amerika aus in die aufgewühlte Seele. In Zeiten von Flüchtlingskrise und wachsendem Rechtspopulismus wirft der Autor des Bestsellers »89/90« einen Blick zurück auf seine Geburtsstadt Dresden, aber auch auf Deutschland generell. Denn gerade im Rückspiegel zeigt sich, dass das Image einer Heimat, wie bei einem Vexierbild, in sein Gegenteil umschlagen kann.

PETER RICHTER wurde 1973 in Dresden geboren. Er ist Kulturkorrespondent der »Süddeutschen Zeitung« in Berlin. Von 2012 bis 2017 arbeitete er im New Yorker Büro der Zeitung. Als Buchautor wurde er mit Titeln wie »Blühende Landschaften« und »Deutsches Haus« bekannt. Sein Roman »89/90« wurde für den Deutschen Buchpreis nominiert.

Peter Richter

DRESDEN REVISITED

Von einer Heimat,
die einen nicht fortlässt

btb

FSC www.fsc.org MIX Papier aus verantwortungsvollen Quellen FSC® C014496

Verlagsgruppe Random House FSC® N001967

1. Auflage
Genehmigte Taschenbuchausgabe September 2019
btb Verlag in der Verlagsgruppe Random House GmbH,
Neumarkter Str. 28, 81673 München

Umschlaggestaltung: semper smile, München nach einem Entwurf
von buxdesign, München
Covermontage: buxdesign, München
Druck und Einband: GGP Media GmbH, Pößneck
Klü · Herstellung: sc
Printed in Germany
ISBN 978-3-442-71607-4

www.btb-verlag.de
www.facebook.com/btbverlag

I

Jetzt bin ich schon wieder da gewesen, in der verrufenen Stadt, dem verschrienen Land.

Dafür, dass ich zur Zeit als Korrespondent einer deutschen Zeitung in den USA arbeite, dafür dass mir gegenwärtig also Dresden, Tennessee, näher liegen sollte (2800 Einwohner) oder Dresden in Ohio (1500) oder das in Texas (noch kleiner) oder wenigstens das »The Dresden« in Los Angeles, eines der traditionsreichsten Restaurants von Hollywood: Dafür treibe ich mich erstaunlich oft wieder in Dresden, Saxony, herum. Meistens vor dem Rechner von New York aus, und manchmal fliege ich auch einfach hin.

Diesmal ging es um eine Rede, die ich dort halten sollte, im Schauspielhaus. Ich hatte schon deswegen zugesagt, weil sich das mit einem Besuch in der Heimat verband. Dabei ist bereits das Wort heikel. Über diese Heimat auch noch eine Rede zu halten, erst recht.

In dem Saal hatte ich immerhin meine erste Oper

gesehen, »Hänsel und Gretel« von Humperdinck. Die Hexe war an einem Seil aus dem Schnürboden durch die Luft geflogen gekommen und hatte dabei noch gesungen, außerdem war sie ein Mann. So beeindruckt wie damals als Kind war ich später höchstens noch einmal als Jugendlicher bei den »Rittern der Tafelrunde« von Christoph Hein, Regie Wolfgang Engel, als der junge Mordred, gespielt von Thomas Stecher, den vergreisten Stieseln um König Artus praktisch den Vorwurf machte, ein SED-Politbüro zu sein, auf den Heiligen Gral pfiff und sich stattdessen dem Leben zuwandte. Damit, mit diesem Stück in diesem Theater, war für mich persönlich der Umbruch des Herbstes 1989 losgegangen. Wie bedeutend und revolutionär man sich damals vorgekommen war, allein schon fürs Zuschauen.

Und jetzt sollte ich da stehen und reden.

Aber in welcher Rolle eigentlich?

Die »Dresdener Reden« sind eine Ehrfurcht gebietende Institution. Die ersten stammten von Willy Brandt und Günter Grass. Die letzte, die ich persönlich dort gehört habe, war von Helmut Schmidt. Er sprach damals darüber, was auf die Welt im 21. Jahrhundert zukommen wird und wie sie damit umzugehen habe.

Über so viel Bedeutung und Weitblick verfüge ich natürlich nicht; ich bin nicht einmal in der SPD. Die einzige Qualifikation, die ich für so eine »Dresdner Rede« mitbrachte, bestand im Grunde darin, aus Dresden zu sein. Das war aber inzwischen schon keine Herkunftsangabe mehr, das war im Rest der Bundesrepublik eher eine Diagnose – ein Grund für besorgte Nachfragen, für Mitleid, Hohn, auch Abscheu.

Darum würde es gehen müssen, und darum ging es auch, und währenddessen wurde all das noch viel schlimmer.

Es war das Wochenende von »Clausnitz« und »Bautzen«, von grölenden Mengen vor Bussen und Heimen für Asylbewerber. Die *Hamburger Morgenpost* titelte »Schandfleck« und hatte auf der Karte der Bundesrepublik Sachsen braun eingefärbt. Was im Internet los war, liegt auf der Hand, und als ich es ein paar Tage später im Hotel mal wieder mit deutschem Fernsehen probierte, kam eine sogenannte Satiresendung, die sich ebenfalls Sachsen – wie in den entsprechenden Redaktionskonferenzen vermutlich die Ansage gelautet hatte – mal gehörig »vorknöpfte«.

Menschen schrien in schlecht nachgemachtem Dialekt umher, es war natürlich sehr antifaschistisch, aber es war auch sehr deprimierend. Ich wollte nach Amerika zurück, wo es zwar ebenfalls viel Elend gibt, aber wenigstens keine Gebühreneinzugszentrale. Als ich dann endlich wieder zurück war in New York, pries das deutsche Internet ausgerechnet den ersten »Tatort« der Neuzeit aus Dresden an, und in den habe ich dann natürlich auch reinschauen müssen. (Hier wurde nun wieder, wie damals im Fernsehen der DDR, hochdeutsch geredet und nur von den Hanswurst-Figuren gesächselt, das aber wenigstens richtig.)

Es gibt in den USA mehrere hundert Fernsehprogramme zur Auswahl zuzüglich Sport-Paket und Bezahlsender, man bräuchte Hausarrest, um alle wenigstens einmal einzuschalten. Stattdessen: »Tatort«-Videostream, weil da sachsentümelnde Schlagersänger durch meine Heimatstadt marodieren und das von vielen in den Weiten des deutschen Internets als treffende Beschreibung auch der tatsächlichen Lage dort aufgefasst wird. Ein Freund aus Norddeutschland schickte eine SMS: »Sachsen, das Alabama Deutschlands«.

War ich beleidigt deswegen? Ein bisschen: Die Pointe hatte ich mir selber schon rausgelegt. Nur mit Louisiana oder Mississippi, wegen der Schaufelraddampfer. Aber wenn man den Klang der Dialekte über die verschiedenen Sprachen hinweg vergleicht, ist es tatsächlich so, dass der »Southern Drawl« von Alabama phonetisch am ehesten dem Sächsisch der Dresdner Region entspricht, und das Texas von Deutschland heißt nun einmal bereits Bayern.

Kann also sein, dass ich nicht grundlos eingeladen worden war zu der Rede in Dresden, und vermutlich war dieser Grund tatsächlich der, dass ich von da komme und nie so ganz von dort weggekommen bin, so weit ich mich von der Stadt auch entfernt habe.

Vielleicht ist es auch ganz einfach so, wie das auf den Autorückspiegeln in den USA immer geschrieben steht: »Objects in the rear view mirror may appear closer than they are«, im Rückspiegel erscheinen einem die Dinge näher. In meinem Rückspiegel liegt allerdings auch der ganze Rest von Germany.

Dieses Buch hier enthält deshalb nicht nur das,

was ich am Ende in Dresden als Dresdner den Dresdnern erzählt habe, sondern noch ein bisschen mehr, weil es, hoffe ich, auch für diejenigen vielleicht ganz aufschlussreich sein könnte, die sagen, dass sie Dresden, überhaupt Sachsen, schlichtweg nicht verstünden und dieses Unverständnis schon für einen moralischen Standpunkt halten. Denn dass nicht jeder Dresdner zwingend auch ein Deutscher sein muss, ist die eine Sache. Meine These läuft aber darauf hinaus, dass fast alle Deutschen gegenwärtig in gewisser Weise Dresdner sind, ob sie wollen oder nicht. Und die, die nicht wollen, ganz besonders.

II

Vor ein paar Monaten hat mich sogar Tom Hanks nach Dresden gefragt.

Meine Arbeit bringt manchmal Interviews mit Schauspielern mit sich, die von ihren Studios dazu verdonnert werden, Werbung für Filme zu machen, an die sie sich kaum noch erinnern können, weil sie schon im nächsten stecken. Man wird in ein teures Hotel gesetzt, bekommt den Star hereingeschoben, dann läuft die Uhr. Dreißig Minuten gelten als üppig. Aber von meinen dreißig Minuten mit Tom Hanks sprach Tom Hanks zwanzig über Dresden. Über die Wunderlichkeit des Kulturpalastes. Und über die Freuden des Rasens auf der A13.

Was soll man da sagen? Dass man ausgerechnet auf der A13 besser nicht rasen sollte, weil sich die einst als Beute von Sachsen an Preußen gefallenen und folglich verarmten Landstriche links und rechts dieser Autobahn aus den dort so massenhaft wie nirgendwo sonst aufgestellten Radarfallen praktisch ernähren?

Man sagt: »Mr Hanks, wir müssen darüber reden, wie Sie in ›Bridge of Spies‹ die Welt gerettet haben.«

Aber Mr Hanks will stattdessen wissen, wie das war, im Tal der Ahnungslosen aufzuwachsen. Den Begriff hat er wirklich gebracht: »Valley of the Clueless«. Wenn Tom Hanks das sagt, klingt es wie ein Seitental vom Grand Canyon.

Da sitzt man in einer Paar-Tausend-Dollar-Suite im Ritz Carlton hoch über dem Central Park von New York und fühlt sich von seiner eigenen Herkunft, sagen wir: ein bisschen verfolgt.

Tom Hanks ist sehr an der Geschichte des Kalten Kriegs interessiert, weil er als Kind in Kalifornien mit der Angst aufgewachsen war, von uns, aus dem Osten, eine Atombombe aufs Haupt zu kriegen. So hat er mir das jedenfalls erklärt. Hanks schaut daher, wenn er in Deutschland ist, mit der gleichen Faszination auf das, was früher einmal die andere Seite des Eisernen Vorhangs war, wie vor hundertfünfzig Jahren der deutsch-amerikanische Maler Charles Wimar auf die Welt hinter der »Frontier«, der Grenze zur Wildnis im Westen der USA – also mit einem ethnologischen Interesse am gefährlichen Anderen mit dem besonders großen A; in Wimars Fall waren das die Indianer, für Tom Hanks sind es die Ostdeutschen. Auf die Frage, was beide sonst noch verbindet, wird zurückzukommen sein.

Ich hatte ihn nach seinen Plänen gefragt, das Leben von Dean Reed zu verfilmen, des berühmtesten Cowboys der DDR. Immerhin war der Mann in Denver, Colorado, aufgewachsen, bevor er als Sänger, Schauspieler und Sozialist 1973 in den Ostblock wechselte. Den kennt in den USA außer Hanks aber keiner. Den kennt, wer in Dresden aufgewachsen ist. (Antwort: Er wird es wohl nicht machen, genau aus diesem Grund: Es lohnt sich in Hollywood nicht, Filme zu machen, für die sich im Zweifel nur Ostdeutsche einer gewissen Altersklasse interessieren.)

Wenn die strenge Dame von der Filmfirma nicht dazwischengegangen wäre, säßen wir jetzt immer noch im Ritz hoch über New York, und ich würde Tom Hanks Dresden erklären – und zwar in der Ausführlichkeit eines original sächsischen Fremdenführers; er hat schließlich danach gefragt.

Nicht auszuschließen, dass wir irgendwann bei Karl Mickel gelandet wären, dem Dichter. Einer

Stelle bei Mickel zufolge liegt das ganze Problem nämlich im Jahr 1482.

Was 1482 los war? Tom Hanks muss man zutrauen, selbst das zu wissen: Damals begannen die Spannungen, die drei Jahre später zur Teilung des Herrschaftsgebiets der Wettiner in eine ernestinische und eine albertinische Linie führten. Mickel schrieb dazu in seinem Großroman *Lachmunds Freunde,* getarnt als Rollenprosa, Folgendes: »1482 hatte das Kft. Sachsen alle Chancen gehabt, als großer Flächenstaat sein Gewicht in die Waagschale mitteldeutscher, ja europäischer Politik zu werfen. Das unselige Brandenburg-Preußen wäre nicht hochgekommen, die starke Vormacht Sachsen hätte der folgenreichen Barbarei innerer Notdurft und außenpolitischer Wegelagerei von Anfang an die Grenze gesetzt.«

Hätte-hätte liegt im Bette, sagt man in Berlin.

Das beleidigte Hadern mit dem Lauf der Dinge ist eine sächsische Spezialität. Trotzdem: *Wenn* man sich einmal vorstellt, dass anstelle von Brandenburg-Preußen vielmehr Sachsen »hochgekommen« wäre damals …

Dann wäre Dresden vielleicht heute nicht Peripherie, ganz rechts unten im Osten – und das beschreibt aus der Sicht der Restbundesrepublik oft sowohl die Lage als auch den Ruf. Vermutlich wäre Dresden ohne die damalige Teilung heute nicht mehr als ein Nest an der Elbe oder ein Ortsteil von Meißen. Aber vielleicht, auf welchen Wegen auch immer, wäre es heute vielleicht sogar deutsche Hauptstadt.

Schöne Vorstellung?

Oder eher nicht so?

III

These, beim Blick von außen: Dresden ist im Moment die umstrittenste Stadt im Lande. Ganz sicher aber die zerstrittenste. Und darin ist sie vielleicht dann wiederum tatsächlich repräsentativer, als viele außerhalb von Dresden meinen. Vielleicht nicht unbedingt eine Hauptstadt der Herzen, eher eine der Galle. Vor allem aber ist es nun einmal die Stadt, aus der ich komme, und diese Herkunft lässt mich einfach nicht fort.

Ja, das ist ein Zitat von Erich Kästner, die »notwendige Antwort auf überflüssige Fragen«, und zwar auf die Fragen nach dem Grund, warum er nicht weggegangen ist aus dem Land, in dem seine Bücher verbrannt wurden.

Und nein: Im Original heißt es nicht *Herkunft*, sondern *Heimat* – »die Heimat lässt mich nicht fort«. Gegen den Begriff an sich habe ich gar nichts einzuwenden, schon gar nicht, dass in seinem Gefolge so oft die Tümelei angerasselt kommt wie Blechbüchsen, die von lästigen Kindern an der Stoßstange festgebunden wurden. Die muss man eben wieder abschneiden. Aber mich persönlich hat die Heimat ja weggelassen. Abgesehen davon kann man sie in sich tragen, wenn man fortgeht, sie kann einem auch fremd werden, und man kann woanders eine finden. Herkunft ist das Seil, das spannt.

Vielleicht dient es deshalb auch so vielen als eine Art Ariadnefaden beim Weg nach draußen. Ich habe mit Kollegen zusammengearbeitet, die die Welt gern als Außenbezirk von München oder Düsseldorf erklärt haben, und zwar dem München wie dem Düsseldorf der Achtziger. Einer war sogar darunter, der unbeirrt das Saarland für die Mitte aller Dinge nahm. Es wirkte manchmal ein bisschen idiosynkratisch, diente aber erstaunlich gut der Wahrheitsfindung. Mir hilft Dresden als Schlüssel zu Tom Hanks.

Hier soll es jetzt um die Frage gehen, ob einem umgedreht auch Tom Hanks – im Sinne von: Amerika, die Fremde, der Westen, die große weite Welt – ein Schlüssel sein könnte zu Dresden. Das Bild der Heimat ist das Thema. Und warum es immer, grundsätzlich, schief hängt.

IV

Wenn ich bei der Arbeit die Augen mal vom Bildschirm nehme, schaue ich auf die Backyards von Brooklyn, die typischen guillotinenartigen Schiebefenster, einen typischen New Yorker Wasserspeicher und meistens auch einen typischen New Yorker Himmel: von einem Blau, als hätte jemand Badezusatz reingekippt. Auf den Stromleitungen sitzen Papageien, die mal irgendwer aus Brasilien eingeschleppt und dann ausgesetzt hat, und an den Baumstämmen rasen Eichhörnchen hoch und runter, die gar keine Eichhörnchen sind, sondern vielmehr Baumratten, die die eigentlichen Eichhörnchen auf dem Gewissen haben und nun das üblicherweise den Eichhörnchen zustehende Niedlichgefundenwerden gleich mit abgreifen. Es ist nun einmal ein hartes Land, dieses Amerika. Durch die bemerkenswert dünnen Mauern kann man manchmal schlimme Schimpfwörter aus dem Munde von Nachbarn hören, die einen eben noch vor dem Haus auf der Straße angestrahlt haben wie frisch kandierte Äpfel: »Hiiiii, how *aaare* you?«

»Fiiiiine! How ’bout *you*?«

Schlichtere unter den Besuchern aus Europa nennen diese öffentliche Grinsekatzigkeit oberflächlich; ich halte sie für eine ererbte Überlebenstaktik in einem Land, das auf Schusswaffen gründet. Es ist zumindest ganz schön, es einmal so herum zu erleben, wenn man selber aus einer Weltgegend kommt, in der die Leute es eher umgedreht halten, also auf die Straße gehen, um sich gehen zu lassen.

Aber manchmal fällt der Blick, wenn ich am Schreibtisch sitze, auch auf das hier.

Evelyn Richter: Brühlsche Terrasse

Eine Einladungskarte für die Ausstellung zum 80. Geburtstag der Fotografin Evelyn Richter 2010 im Dresdner Leonhardi-Museum. Wir sind übrigens nicht verwandt.

Ich bin leider mit vielen Künstlern nicht verwandt, die ebenfalls Richter heißen. Der Name ist einfach nirgendwo so häufig wie rund um Dresden, was vielleicht daran liegt, dass dort die meisten Dorfgasthöfe bis heute »Erbgericht« heißen. Wo die Leute beim Bier zusammenkamen, wurde auch der Streit geregelt; eigentlich ein bedenkenswertes Konzept.

Diese Einladungskarte hatte sich irgendwann in meinem Büro eingenistet, später ist sie in einer Kiste mit nach Amerika verschifft worden, und jetzt hängt sie seit ein paar Jahren in Brooklyn an der Wand.

Es hängt dort alles Mögliche, das sich eben so ansammelt bei Korrespondenten in Amerika.

Zum Beispiel der erste selbst geschossene »Bad Guy« aus einer Shooting Range in Colorado. Die Amerikaner schießen lieber auf sogenannte »Target Posters« mit bedrohlichen Figuren darauf als auf schnöde Zielscheiben. Das sieht vielleicht ein bisschen makaber aus, aber es soll niemand sagen, dass ich kulturell nicht anpassungsfähig wäre an mein Gastland. Außerdem habe ich Kunstgeschichte studiert und interessiere mich schon deswegen für den Umgang mit Bildern, auch und gerade, wenn er Schusswaffen beinhaltet.

Das Foto von Evelyn Richter ist da auf den ersten Blick friedvoller. Auf den zweiten Blick jedoch erzählt es einen ganzen Krieg. Das sehe ich aber auch erst, wenn ich mich zu einem zweiten Blick auf die Trümmer der Frauenkirche zwinge, die da aus dem Dunst im Hintergrund ragen, zu einem Blick, der darin das Symbol für den sogenannten Opfermythos der Stadt Dresden erkennt, von dem immer viel die Rede ist. Dieser Opfermythos, vor allem der Vorwurf, dass er ein Aufrechnenwollen der Toten beinhalte, gehört nämlich zu den Dingen, die mir erst im Weggehen offenbart wurden.

Dabei stimmt alles, was man sagt: Immer wieder bekam man von den Phosphorbomben erzählt, deren Feuer auch im kochenden Wasser der Elbe nicht zu löschen gewesen seien, und von den amerikanischen Tieffliegern, die auf die Fliehenden geschossen hätten, von all diesen Dingen, für die

Historiker später keine Belege fanden. Oft beschworen wurde auch die ungeheure Zahl der Toten, von der man heute sagt, dass ihr schon zu NS-Zeiten aus Propagandagründen eine Null angehängt worden war. Und natürlich wurde immer auch versucht, diesen Horror ideologisch zu bewirtschaften.

Aber hat deswegen irgendwer im Ernst einen Groll auf die »angloamerikanischen Imperialisten« entwickelt, der nicht von dem »Made in England« auf den Matchbox-Autos aus dem Intershop wieder neutralisiert worden wäre? Oder durch die Fernsehabenteuer von Dick Turpin und seinem Knappen Swiftnick oder spätestens durch die Herkunft der Musik, um die es einem später ging? Eigentlich wusste doch jedes Kind: Das Alte Dresden hatten die Nazis auf dem Gewissen und die, die sie gewählt hatten. Dem Kind war nur noch nicht klar, dass das zum Teil dieselben Leute waren, die es nachher am wehleidigsten darüber jammern gehört hat. Nazis waren damals in der Wahrnehmung des Kindes so fern und jenseits der gut bewachten Grenzen wie sonst nur noch die Engländer und die Amerikaner.

Auf den dritten Blick erweist sich die Frauenkirche inzwischen aber auch ganz buchstäblich als ein deutscher *lieu de mémoire*, der mir für die Gegenwart fast noch zentraler erscheint als das Brandenburger Tor. Hier ist Helmut Kohl im Dezember 1989 von einer fahnenschwenkenden Menge die umgehende Aufnahme in Staatsgebiet, Währung und Sozialsysteme der Bundesrepublik in Auftrag gegeben worden. Kohl hat einmal gesagt, dass ihm in Dresden deutlich geworden sei, was für ein Druck auf dem Kessel war damals: »Die Sache ist gelaufen« war seine Erkenntnis, heißt es in den Chroniken, schon auf dem Weg vom Flughafen Klotzsche in die Stadt. Und er hat ja auch, wie man so sagt: geliefert. Das war, glaube ich, die allerdirekteste Form politischer Willensübermittlung, die es jemals gab. Ob es auch die allerdemokratischste war, sei dahingestellt. Aber sie hat in Dresden offensichtlich gewisse Vorstellungen hinterlassen, wie so etwas zu laufen habe.

Ich war sechzehn damals und, schon weil alle so energisch dafür waren, rein aus Trotz dagegen. Ich fand die Erwartungswut der Leute befremdend – und auch den Umstand, dass sie die Deutschlandfahne so hochhalten mussten bei ihrer Forderung nach Zugehörigkeit. Dass genau das, die Betonung der verbindenden Nationalität, von vielen im Westen als etwas kulturell eher Trennendes wahrgenommen werden würde, ist die eine Pointe. Die andere besteht darin, dass ich ganz sicher zu denen gehöre, die davon am Ende mehr profitiert haben als viele von denen, die heute mit ihren Fahnen wiederum ihrer Verbitterung über die Bundesrepublik Luft machen. Dass ich jetzt in New York auf dieses Bild blicke, hat also sicherlich auch etwas mit jener Kirche darauf zu tun. Aber das ist nicht der Grund, warum es da hängt.

Sondern?

Vielleicht weil ich beim Betrachten das Gefühl habe, das da könnte ich gewesen sein, der Junge mit der Bommelmütze, mit meinem Vater auf der Brühlschen Terrasse an einem nassen Wintersonntag, Museumswetter, unterwegs von der Gemäldegalerie mit den Alten Meistern zu der mit den Neuen, so als Zwei-Mann-Miniaturversion der »Prozession im Nebel« von Ernst Ferdinand Oehme aus dem Saal mit den Romantikern im Albertinum.

Das klingt vermutlich furchtbar streberhaft: ein Kind, das freiwillig ins Museum rennt. Aber das

Museum war für ein Kind in Dresden immer nur die Schlechtwettervariante der Abenteuerspielplätze draußen. Man sah in den Galerien die gleichen Landschaften und die gleichen Gebäude und vor allem die gleichen Ruinen wie in der Stadt und ihrer Umgebung. Es war ja alles noch voller Trümmer, und manche hatte auch gar nicht der Krieg so hinterlassen, sondern Jahre später erst die Misswirtschaft. »Ruinen schaffen ohne Waffen«, nannten das bekümmert die Alten. Und wir Kinder stiegen durch die Fenster.

Der Unterschied zu den Weltkriegsruinen bestand vor allem darin, dass die als Mahnmale bezeichnet wurden und besser umzäunt waren. Wo sollte der Unterschied sein zu den Ruinen von Caspar David Friedrich in der Gemäldegalerie? Wo wiederum lag dann der Unterschied zwischen all diesen gemalten und den gebauten Ruinen zu den Felsen der Sächsischen Schweiz: Ruinen der Natur. Frauenkirchtrümmer oder Barbarine: beide letztlich ein Landschaftserlebnis.

V

Man hat als Kind noch keine Ahnung, was in den Büchern über Romantik und Ästhetik geschrieben steht. Aber was erhaben und was malerisch ist, was eine Dimension von Grauen und von Wonne hat, und dass sich die Kunst und das wirkliche Leben über Dresden gelegentlich küssen wie zwei Caspar-David-Friedrich'sche Parabelbögen: Das vermittelte sich hier auch spaziergangsweise ganz einfach so.

Caspar David Friedrich: Das Große Gehege

Später und vor allem, wenn man Kunstgeschichte studiert, wird einem dargelegt, wie planvoll konstruiert ein Bild wie Caspar David Friedrichs »Großes Gehege« sei: geometrisch, theologisch, ideologisch. Aber wer es als Kind zum ersten Mal im Museum sieht, hält es für den reinen Fotorealismus, denn: So sind sie nun einmal, die Sommerabende an der Elbe.

Es gibt wenige Texte über Dresden, in denen dieses Bild nicht vorkäme; vielleicht weil es die Auenwälder zeigt, nach denen der Ort von den Slawen benannt wurde.

Gerade eben hat erst Durs Grünbein, der Lyriker, in seinem Buch *Die Jahre im Zoo* dem Bild ein ganzes Kapitel gewidmet. Ihm wird es zum Sinnbild des behütenden Elbtals mit seinem einlullenden Dialekt und am Ende für die DDR als solche: alles ein einziges großes Gehege, das den Menschen letztlich einsperrt. Ich erinnere mich, dass auch ich als Kind manchmal auf die Hangkante des Elbtals geblickt habe und mir nicht mehr sicher war, ob dahinter noch eine Welt kam, und wenn ja, wozu. Dabei wusste ich es ja, ich wohnte schließlich da oben: Hinter Loschwitz kam irgendwann die Ostsee, und davor lag noch Rochwitz, und vor Rochwitz lag mein persönlicher Märchenwald über den Weinbergen, mit Bolzplatz, Schlucht, Hexenhaus und geheimnisvoll verrammelten Schlösschen; zwischen dem Laub, das sich in dem leeren Springbrunnen dort angesammelt hatte, hielt tatsächlich ein Froschkönig sein Maul als Wasserspeier in die Höhe.

Das Problem mit Dresdner Kindheitserinnerungen ist, dass sie nie ganz exklusiv sind. Man hat die Erlebnisse und Einsichten schon selbst, nur nicht unbedingt als Erster.

»Ich musste, was schön sei, nicht erst aus Büchern lernen. Nicht in der Schule, und nicht auf der Universität«, heißt es in Erich Kästners Dresden-Buch *Als ich ein kleiner Junge war*: »Ich durfte die Schönheit einatmen wie Försterkinder die Waldluft.«

Als *ich* ein kleiner Junge war, war Kästner zwar gerade gestorben, aber ich durfte zusätzlich auch die Waldluft einatmen, während die Reste der barocken Schönheit unten im Tal vom Smog schwarz gefärbt wurden.

Niemand kann etwas dafür, wo er geboren wird und aufwächst. Aber tauschen würde ich nicht einmal mit den Milliardärskindern der Upper East Side in New York, die von chinesischen Gouvernanten durch den Central Park gekarrt werden, damit sie rechtzeitig die Sprache des Gegners lernen. Denen wird, zweifellos, einmal die Wall Street gehören und alle Reichtümer dieser Welt bis auf einen – eine Kindheit im Dresden der Siebziger und Achtziger. Wer endlose Nachmittage lang Tom Sawyer und Huckleberry Finn spielen will, sollte besser nicht im »Land of the Free« aufwachsen, wo zum Teil noch Zwölfjährige rund um die Uhr beaufsichtigt werden müssen, weil sonst die Eltern ins Gefängnis kommen können und die Kinder ins Heim. Um 1980 herum, auf den Elbwiesen von Dresden, GDR, war das einfacher. Das große Gehege bot auch große Freiheiten.

Kann sein, dass der Preis dafür in den bizarren Liedern bestand, die wir im Kindergarten singen mussten: »Soldaten sind vorbeimarschiert/ne ganze Kompanie.«

(Allerdings krähte im Anschluss immer irgendeiner: »Dann kam Bundeskanzler Schmidt/und nahm sie alle mit.« Womöglich eine Folge der Dauerbedudelung durch den Deutschlandfunk.)

Das Politische kam ein bisschen früh in diese Welt, das Dissidentische allerdings auch.

Ich erinnere mich an die Aufregung, als mir zum ersten Mal die Langhaarigen gezeigt wurden, die am 13. Februar, zum Jahrestag der Zerstörung der Stadt, still Blumen an den Frauenkirchtrümmern niederlegten. Denn das war so erfrischend eindeutig nicht das offizielle Appellplatzgedenken. Ich erinnere mich, wie viel aufregender mir diese Langhaarigen vorkamen, als ich erfuhr, dass sie damit gegen die Stationierung der sowjetischen SS20-Raketen bei uns protestierten, die natürlich in der DDR nicht SS20 hießen. Die eigentlich gar keinen offiziellen Namen hatten. Die es angeblich gar nicht gab. Der 13. Februar in Dresden war Anfang der Achtziger so etwas wie die zeitgleich stattfindenden Nato-Doppelbeschluss-Proteste im Bonner Hofgarten, nur dass es Mut kostete.

Aber das konnte allenfalls ahnen, wer damals mit Bommelmütze auf dem Kopf daran vorbeigekommen ist.

VI

Ein Jammer, dass *Die Verteidigung der Kindheit* als Titel schon von Martin Walser verbraten worden ist und dann auch noch für einen Roman, in dem ein schlimmes Muttersöhnchen noch die letzten Details zwischen Weißem Hirsch und Blasewitz – meiner *hood*! – heraufbeschwört, um in der Fremde, nämlich Westberlin, seine Nostalgie darin zu baden.

Böser, wissender Walser: Letztlich ist das natürlich eine sehr genaue Parodie auf alle Dresden-Besinger der Wirklichkeit, und die wachsen ja fortwährend nach, obwohl Dresden andauernd untergeht.

»Die Stadt Dresden gibt es nicht mehr«, heißt es bei Erich Kästner kategorisch. Und sein Kollege Heinz Czechowski konnte »die mehrmals geschleifte Stadt« nicht mehr lieben lernen, als er 1998 noch einmal als Stadtschreiber dort war, »weil ich sie nicht mehr wiedererkannte und in ihr nicht mehr das Dresden wiederfand, das ich 1958 verlassen hatte«.

Czechowski war dreiundzwanzig, als er nach

Leipzig zog, aber es war Dresden, über das er auch aus der Ferne noch seine schönsten Zeilen schrieb.

»Der Weg
steigt an verfallenden
Mauern empor.
Hinter verwilderten Gärten:
Häuser,
Jedes sein eignes
Gedicht.«

Oder, mehr auf automobilistisch Begeisterte wie Tom Hanks zugeschnitten:

»Hangab
Von der Wilsdruffer Seite,
Die weiße Betonbahn
Hinunter:
Dem Flugbild der Stare entgegen.«

Kästner war zwanzig Jahre alt gewesen, als er seinerseits die Stadt zum Studium in Leipzig verließ.

Karl Mickel war sogar erst achtzehn, als er nach Berlin ging.

Wie alt war Volker Braun?

Und Durs Grünbein?

Ingo Schulze?

Schrieb Uwe Tellkamp den *Turm* nicht in München?

Ist es also eine Voraussetzung für das Besingen von Dresden, beizeiten hier weggegangen zu sein? Selbst Thomas Rosenlöcher schreibt, wie zu hören ist, längst aus der Halbdistanz des Erzgebirges.

Nicht dass ich mir einen Platz in dieser Reihe anmaßen wollte. Die Voraussetzung, mit neunzehn Jahren aus Dresden weggezogen zu sein, erfülle ich jedoch auch, und wenn ich heute zurückkomme, erkenne ich ebenfalls immer weniger wieder.

Wieso sieht die Prager Straße inzwischen aus wie Bochum? (Absolut nichts gegen Bochum, nette Leute da, aber Bochum gibt es ja schon, und zwar zum Beispiel auch in Dortmund und Hannover.)

Und warum stehen die Häuser jetzt so prosaisch hinter den inzwischen planierten Gärten, so zugrunde saniert, wie chinesische Kopien ihrer selbst?

Wer hat die bukolischen Wiesen des Umlandes unter Fertighäusern mit Blechbalkons begraben?

Das soll jetzt die Waldschlösschenbrücke sein,

deren Bau die Welt so in Atem gehalten hat? Und wann kommt sie wieder weg?

Wer fortgegangen ist, sieht in der Gegenwart eben vor allem den Angriff auf die Jugenderinnerungen, und diese Erinnerungen sind immer auch eine Kritik am Jetztzustand.

Das führt zu der Frage, wer eigentlich ein Dresdner ist und als solcher seinen Mund zu den dortigen Themen aufreißen darf. Es gibt die Leute, die dort gemeldet sind, Abgaben zahlen, Leistungen empfangen. Das sind Zugezogene oder Dagebliebene, und es ist nicht zu übersehen, dass die schon oft genug ganz verschiedene Bilder und Vorstellungen von derselben Sache pflegen. Ich möchte aber behaupten, dass auch die Weggegangenen Dresdner bleiben, schon weil sie sich in der Fremde dauernd für die Stadt rechtfertigen müssen. Ich möchte sogar behaupten, dass die eigentliche Dresdner-Werdung mit dem Weggehen beginnt. Dass sich ein schärferes Bild der Heimat erst im Rückspiegel formt.

VII

Diese bestürzende Erkenntnis, dass gar nicht alle Menschen Dresden für den Nabel der Welt halten oder wenigstens für die schönste aller Städte: Die muss man erst einmal verdaut bekommen, wenn man von hier aus in die Fremde tritt, also das Elbtal verlässt. Schon in Leipzig war da Verstörendes zu hören. Von den Ansichten in Berlin ganz zu schweigen.

Wann habe ich zum ersten Mal gehört, dass ich ein Sachse sein soll? Es muss im Ferienlager gewesen sein, und es war eine Beleidigung. Denn das Kinderferienlager war bei Königs Wusterhausen, Bezirk Potsdam, und die Dorfjungen dort, die uns als Sachsen beschimpften, waren Preußen, was natürlich ebenfalls ein Schimpfwort war. Das hatte mit Fußball zu tun, aber wohl auch mit Versorgungslage und Geschichte.

In meiner Erinnerung wurde mit jeder Oberliga-Saison der Siebenjährige Krieg aufs Neue gefochten, durch die Pokalsiege von Dynamo revidiert, durch die Meisterschaften des BFC wiederum bestätigt.

Die Feiern zu 750 Jahre Berlin?

Die selbst gemachten Auto-Aufkleber »781 Jahre Dresden«, die in jenem Jahr Mode wurden! Wie *wichtig* das vielen war. Die Historiker sprechen, glaube ich, von der »Sachsen-Renaissance« der Achtziger.

Die Fernsehserie »Sachsens Glanz und Preußens Gloria« war vielleicht auch deswegen so ein Ereignis damals: Arno Wyzniewski stiefelt als Friedrich II. in Sanssouci herum wie ein magenkranker Staatsbürgerkundelehrer, Ezard Haußmann darf sich dagegen als Heinrich Graf von Brühl immer von zwei polnischen Schönheiten auf einmal das Brusthaar zerwühlen lassen, während er den wimmernden Rolf Hoppe beruhigt. In meiner Erinnerung fiel pausenlos der Satz: »Geld? Selbstverständlich haben wir Geld, Majestät! Kaufen Sie ruhig noch ein paar Sixtinische Madonnen!« Und dann hat er halt wieder so ein nichtsnutziges Regiment dafür aufgelöst, denn die europäischen Partner würden einen schon raushauen, wenn man sie dafür gelegentlich bei den Swingerpartys im Zwinger auf die Gästeliste setzte. Ich verkürze das auf die Aspekte, die bei mir davon ankamen. Vielleicht nicht schwer zu erraten, für wen ein Heranwachsender, der pazifistische Hippies beeindruckend findet und Museen schätzt, da die Daumen drückt.

Icke und Isch: Das war die erste Trennung der Welt in *Die* und *Wir*. Die – das waren die, die dauernd »wa« sagten, Probleme mit dem Dativ hatten und sich manchmal in der dritten Person ansprachen, weil sie diese friderizianische Untertanen-Ansprache (»Hat er wieder nicht uffjepasst?«) für gewählte Ausdrucksweise hielten.

Und wir? Wussten wir, dass wir eine, sagen wir: Färbung hatten? (Die Fachleute für die Unterarten des Sächsischen nennen sie »ostmeißnisch«.)

Der allererste Schock kam ja schon, als einen bereits in Leipzig (»südwestosterländisch«), selbst in Döbeln (»nordmeißnisch«) keiner mehr verstand.

Willste ein Eis?

Nu!

Ok, kein Eis.

Große Verwirrung, vermutlich Tränen.

Ich wusste als Kind nicht, dass unser geliebtes, reichhaltig in jedes Gespräch hineingewürztes »nu« mit dem tschechischen »ano«, »ja«, verwandt ist und unser »ni« – für nicht – mit dem dortigen »ne«.

Aber es ist auf der anderen Seite auch wiederum kein Wunder, wo fast alle Orts- und Familiennamen in Sachsen von den Slawen stammen.

Bei den Skinheads, die um 1989/90 herum zum Beispiel im Jugendklub Dresden-Stetzsch herumhingen, habe ich mich manchmal gefragt, ob deren teilweise recht nachdrücklich beteuertes Deutschtum auch einfach aus der Verzweiflung rührte, dass man Stetzsch auf Deutsch eigentlich kaum aussprechen kann, ausgeprägtes Sächsisch wiederum nicht von allen sofort als Deutsch wahrgenommen wird. Ein Schulfreund, heute im Rheinland lebend, erinnerte neulich erst zur Erheiterung eines Klassentreffens daran, wie es ihm zur Wendezeit gefallen hatte, mit der Zeitung *Der Spartakist* durch die Stadt zu stiefeln, und er eines Tages ausgerechnet vom ideologischen Gegner mitgeteilt bekam: »Isch will ni disgudiern, isch will nur puchn.« (Etwa: Ich will mich nicht verbal, sondern nur körperlich auseinandersetzen.)

Wer den Dialekt imitieren will, ist ja gehalten, den Unterkiefer vorzuschieben und es dann gewissermaßen raussuppen zu lassen wie überlaufendes Wasser. Auf die Sache mit den vorgeschobenen Unterkiefern wird zurückzukommen sein. Denn noch 2001 hat mir wiederum in Berlin einer erzählt, wie er soeben bei einem berufsbedingten Aufenthalt im Erzgebirge jeden Abend von der Dorfjugend herumgejagt worden war. Denn in unserer Region musste damals keiner erst aus, sagen wir, Damaskus kommen, um Feindseligkeiten zu erfahren, von bisschen weiter nördlich reichte schon.

Keine Ahnung, wie ich früher geklungen habe. Der Sound bei uns am Elbhang war allenfalls schwebendes Hochsächsisch, aber Sächsisch war er auch; mit der Sprachmelodie, der geschlossenen Tönung der Vokale, wurde man imprägniert, wenn man hier aufwuchs. Damals jedenfalls war das noch so. Der Moment, in dem sich ein Bewusstsein dafür einstellt, kommt fast immer als Beschämung.

Gauleiter Mutschmann, heißt es, habe Hitler ersucht, Sachsen-Witze verbieten zu lassen. Danach, in der DDR, war es ein bisschen unklar, ob es eine Rache an oder von den Preußen war, dass die DDR nach außen hin praktisch offiziell sächsisch zu sprechen schien – Ulbricht, Grenztruppen, selbst Honecker klang ja eher wie ein Sachse als wie ein Saarländer –, während das Land nach innen durch Radio und Fernsehen gnadenlos voll geickt wurde; die Volkstribunate von Leuten wie Helga Hahnemann oder Achim Mentzel inszenierten ja pausenlos ein pausbackiges Proletarierberlin, von dem man wiederum sagen könnte, dass es eigentlich eine sächsische Erfindung ist, nämlich von Heinrich Zille, der aus Radeburg b. Dresden stammte und in Freital b. Dresden aufgewachsen war.

Nur was, wenn einem der Sound der anderen ebenfalls ganz gut gefällt? Was, wenn man Berlin, die Berliner und selbst das Berlinern gar nicht so wahnsinnig abscheulich findet, wie einem das auf dem Schulhof oder im Stadion nahegelegt wird?

Und was, wenn man es manchmal leid ist, in einen Dialekt hineingeboren zu sein, an den auf der einen Seite schwere Minderwertigkeitsgefühle angepfropft sind und auf der anderen eine geradezu militante Begeisterung über sich selbst?

Die sonderbare Mischung aus Scham und Stolz ist natürlich viel älter, und sie ist oft genug als wirtschaftlicher Antrieb beschrieben worden: Innovationswut als Kompensationsleistung. Das verbinde, heißt es manchmal, Sachsen und Schwaben.

Ich persönlich finde, dass Franken und vor allem Hessen fast noch mehr Grund dazu hätten, aber das sind natürlich Geschmacksfragen. Das Stigmatisierende bekam jedenfalls jeder zu spüren, der außerhalb den Mund auftat. »Aus Dresden? Hört man gar nicht!«, klingt lobend, hinterlässt aber auch bestenfalls ein ambivalentes Gefühl.

Nach ein paar Semestern Studium in Hamburg hörte man Dresden, wie mir also aufmunternd mitgeteilt wurde, auch bei mir nicht mehr, und das war erleichternd und gleichzeitig war es auch traurig, und wenn ich heute meinen eigenen Dialekt sprechen will, klingt es, fürchte ich, wie bei einem schlechten Imitator in einer öffentlich-rechtlichen Satire-Sendung.

VIII

Eines Morgens im November 2014 konnte man beim Lesen der *New York Times* kurz das Gefühl haben, aus Versehen an die *Sächsische Zeitung* geraten zu sein: Es war da das Aquarell einer Straßenszene in Dresden abgebildet. Eine Straßenbahn der Linie 9 fuhr durch vertraut aussehende Vorstadtstraßen, ein gelber Vorkriegswagen, wie er zu meiner Zeit nur noch auf der Linie 4 unterwegs gewesen war, als die noch über die Loschwitzer Brücke fuhr und beim sogenannten Künstlerhaus gelegentlich von einem herrisch mit dem Stock winkenden Alten zum Anhalten genötigt wurde; das war Hermann Glöckner, ein Maler, der überwiegend ungegenständliche Kunst geschaffen hatte, wovon ihn weder die Nazis noch die Kommunisten hatten abbringen können, und so einer ließ sich natürlich auch nicht von der Lage der Haltestelle vorschreiben, wo er in die Bahn einzusteigen habe.

Bernhard Kretzschmar: Straßenszene mit Bahn

Das Bild in der *New York Times* stammte aber nicht von Hermann Glöckner, sondern von Bernhard Kretzschmar, der ausschließlich gegenständliche Kunst geschaffen hat, und der Gegenstand dieser Kunst war allermeistens Dresden und Umgebung.

Der Artikel meldete, dass das Kunstmuseum Bern die Erbschaft der Sammlung von Cornelius Gurlitt akzeptiere. Der wüste Haufen aus Gemälden und Grafik, der ein paar Jahre zuvor bei dem kauzigen alten Mann gefunden worden war, hatte weltweit und nicht zuletzt in New York für Aufregung gesorgt, weil Cornelius Gurlitt ihn von seinem Vater Hildebrand Gurlitt geerbt hatte, der nicht nur ein Dresdner gewesen war und ein großer Freund der modernen Malerei, nicht zuletzt der Dresdnerischen, sondern auch einer von Hitlers Kunsthändlern. Der Verdacht von Nazi-Raubkunst hatte im Raum gestanden, ein Max Liebermann war restituiert und unter großem Aufsehen bei Sotheby's versteigert worden. Aber sonst?

Einer meiner früheren Professoren hat später auf einem Kunsthistoriker-Blog darüber geschrieben, wie voreilig die Aufregung über Gurlitts angeblich »unermessliche Kunstschätze« gewesen sei. Stattdessen sah er viel Spätexpressionismus aus der zweiten und dritten Reihe. Kretzschmars Aquarell sah ihm »sehr nach Leiter des Volkshochschulkurses *Wir malen in der Großstadt* aus«, der Mann war ihm vorher noch nicht untergekommen, auch nicht der ebenfalls in der *New York Times* mit einem Aquarell vertretene Wilhelm Lachnit: »Der Name wurde vom Verfasser nicht geändert.«

Armer Lachnit, armer Kretzschmar; ich war beinahe froh, dass sie nichts von Hegenbarth, Hassebrauk oder Paul Wilhelm abgebildet hatten, oder von Rosenhauer, der mit seiner pastos spachtelnden Malweise ebenfalls eine Einladung zu Namenswitzen war. Denn damals in Dresden waren das alles berühmte Namen gewesen, Altmeister einer spezifischen Malkultur, von der dort in den Museen immer sehr andächtig die Rede war. Bernhard Kretzschmars kleine Straßenszene, wie sie nun so als Abbildung in der *New York Times* bei mir in Brooklyn auf dem Frühstückstisch lag, war auf jeden Fall mal eine berührende Alternative zu den üblichen Bildern der Zeitung – den Gräueln des Islamischen Staats oder Donald Trumps gelber Badeentenfrisur. Aber ich weiß natürlich selber, dass Kretzschmar kein Name ist, für den man bei Sotheby's eine Abendauktion ins Auge fassen würde. Diese Art von Kunst sprach dann gewissermaßen doch noch zu sehr lokalen Dialekt.

Bitter war daran aber auch, dass der unglückselige Cornelius Gurlitt als Nutznießer der zum Teil recht trüben Geschäfte seines Vaters Hildebrand den Namen seines Großvaters für alle Zeiten ramponiert hat, denn der, Cornelius Gurlitt senior, war ja der eigentlich bedeutende Mann in dieser Sippe, der Dresdner Barockforscher, Mitbegründer der Sächsischen Denkmalpflege. In der Hamburger Seminarbibliothek, erinnere ich mich, standen seine

Schriften unter denen, die den Studenten als besonders essentiell zur Lektüre empfohlen wurden. So siebt die Entfernung das, was einem zu Hause noch alles gleichermaßen als wichtig galt. Manches schrumpft zur Lokalgröße, anderes wächst und geht in den Kanon ein. Und manches sieht man auch ganz neu, mit dem entsprechenden Abstand.

IX

Die Steuerzahler der Freien und Hansestadt Hamburg haben mir mein Studium bezahlt, es ist ihnen nie angemessen gedankt worden, und auch wenn alle dort viel zu höflich waren, um das offen zu sagen: Es war durchaus mitzubekommen, dass nicht alle Kinder dieses Bundeslandes begeistert darüber waren, wie viele von den begehrteren Numerus-Clausus-Studienplätzen an Abiturienten aus den neu dazugekommenen Bundesländern gingen.

Den Mauerfall würde die westdeutsche Linke dem Osten sowieso nie verzeihen. Aber auch im Rest der Gesellschaft war die anfängliche Willkommenseuphorie merklich verflogen.

Als ich in den Westen ging, 1993, waren eher die Kosten ein Thema, denn die Bundesregierung hatte für das Land beschlossen, man schaffe das, und den Solidaritätszuschlag zur Dauerabgabe gemacht. Die barbarische Kultur der neuen Mitbürger ängstigte die Leute. Angela Merkel hatte, Helmut Kohls Erinnerung nach, keine Ahnung, wie man mit Messer und Gabel aß, und der Umgang mit denen, die von noch weiter aus dem Osten in die Sozialsysteme eingewandert kamen, hatte etwas von Pogromen. Der Osten stand für »Hoyerswerda« und »Lichtenhagen«. Inzwischen waren »Solingen« und »Mölln« dazugekommen; Mölln wie Solingen lagen eher im Westen, und die Anschläge dort waren am Ende noch mörderischer. Aber da hat nicht ganz normales Volk auch noch Beifall geklatscht. Jedenfalls nicht öffentlich.

Es war auf dem Hans-Albers-Platz in Sankt Pauli, wo ich zum ersten Mal gehört habe, ich käme aus Dunkeldeutschland. Der das sagte, war ein Geografiestudent und hatte längere Haare als die Kirchenhippies, die am 13. Februar in Dresden vor der Ruine der Frauenkirche ihre Mahnwache gehalten hatten und inzwischen tatsächlich von nationalistischen Trachtenhanseln zur Seite gedrängt wurden, mir wollte scheinen, aus dem Westen.

Und es war entweder auf der Rothenbaumchaussee oder der Grindelallee, auf jeden Fall aber gleich bei der Universität, wo mir zum ersten Mal erklärt wurde, dass dieser Kult um die Frauenkirche ein nationalistischer Opfermythos sei, und zwar von einem Kommilitonen, der kürzere Haare hatte als die

Skinheads aus dem Jugendklub in Stetzsch. »Bomber Harris, do it again!«, lachte er. In Sichtweite wehten die Fahnen farbentragender Studentenverbindungen vor prachtvollen Villen im Wind. Und dann mussten wir rein, der Spanischkurs ging weiter.

Irritierend, das ausgerechnet in Hamburg zu hören, in der Michael-Kühnen-Stadt, der Christian-Worch-Stadt, der Stadt des Rudolf-Heß-Gedenkmarsch-Anmelders Jürgen Rieger, in der Stadt, in der so gut wie alle Neonazi-Größen zu leben schienen, die in den frühen Neunzigern die Schlagzeilen beherrschten, was mich schon deshalb gewundert hatte, weil damals eigentlich immer noch München, überhaupt Bayern, als Lieblingshochburg solcher Leute galt.

Auf einmal sollte der Osten der Teil Deutschlands sein, in dem offenbar immer schon der Nationalsozialismus überwintert hatte, während die alte Bundesrepublik quasi rückwirkend zum eigentlichen Hort des Antifaschismus wurde. Es war verblüffend. Da wurde ein seit frühester Kindheit geläufiges Bild komplett in sein Gegenteil gekippt.

Dass Bilder in diesem Sinne umkippen können, war aber etwas, das zur gleichen Zeit auch im Seminar zu lernen war.

X

Es gibt von Rubens ein Gemälde in der Alten Pinakothek in München, das den Titel »Der Raub der Töchter des Leukippos« trägt. Hilaeira und Phoibe aufs Pferd gezerrt von Castor und Pollux. Das sieht man. Weil es der Titel so sagt.

Martin Warnke, einer meiner Professoren, hatte einmal, gestützt auf zeitgenössische Quellen, eine genau entgegengesetzte Lesart vorgeschlagen: Was, wenn die Damen nicht auf die Pferde hinauf, sondern von den Pferden heruntergehoben werden? Was, wenn die Männer keine Vergewaltiger sind, sondern Gentlemen? Was, wenn das da gar nicht Hilaeira und Phoibe sind, sondern Personifikationen der beiden Niederlande, die nicht entführt, sondern in glücklichere Gefilde transportiert wurden, ein politisches Programmbild also?

Diese Deutung hat die bis dahin übliche nicht verdrängen können. Aber wenn man sie einmal kennt, kann man das Bild nicht mehr anschauen wie zuvor.

Hoch oder runter. Böse oder gut. Das Gemälde gehört seitdem für mich zur Kategorie der Vexierbilder. Wie die Zeichnung von der jungen Frau, in der man nie wieder nur die junge Frau wird sehen

Peter Paul Rubens: Der Raub der Töchter des Leukippos

können, sobald man einmal entdeckt hat, dass es zugleich die Darstellung einer alten Frau ist. Das Auge will dann ständig wechseln, aber die wirkliche Zumutung ist der Versuch, beide Perspektiven gleichzeitig in den Blick zu nehmen, ohne dass einem schwindelig wird.

So ähnlich verhält sich das, meine These, auch mit dem Bild der Heimat. Auch das Image von Dresden erschien auf einmal kippeliger, als mir das bis dahin bewusst gewesen war.

War es möglich, dass diese hinreißende Stadt auch ziemlich befremdend wirken konnte?

Und ließ sich dann das, was so viele befremdete, trotzdem noch hinreißend finden?

XI

Was sah man denn, wenn man in den Neunzigern nach Dresden kam: Die zugigen Brachen, die im Krieg gerissen, in der DDR frei geräumt und nach der Wende mit bunten Buden zugestellt worden waren? Oder das, was stehen geblieben war, wiederhergestellt wurde, was schon ganz wieder so aussah wie neu, also alt? Stadt halb leer oder Stadt halb voll?

Für mich war Dresden immer vor allem und in erster Linie Loschwitz, der Elbhang, die Elbwiesen, das Kopfsteinpflaster des Körnerwegs unterhalb der Albrechtsschlösser. Aber was, wenn es stattdessen Reick war oder Prohlis? Welches Dresden hat ein westdeutscher Leihbeamter gesehen, der sich zwischen eben erst fertig gewordenen Plattenbauten im Baustellenschlamm wiederfand und trotzdem ständig beteuern sollte, wie schön er es fand?

»Die Dresdener fragen einen gar nicht, ob einem die Stadt gefällt«, hat Umberto Eco 1996 in einem Essay mit dem Titel »Grundzüge einer Stadtpsychologie« beobachtet. »Sie sagen es einem.«

Habe ich das auch so gehalten, wenn ich neuen Freunden zeigen wollte, wo ich herkam? Aber selbstverständlich.

Ich habe, fürchte ich, meistens schon kurz hinter der Autobahnauffahrt Hamburg-Horn mit dem Dozieren begonnen.

Es war wichtig, das Auto zu nehmen, damit sich hier vor Ort die spezifische Landschaftlichkeit der Stadt erschlösse, obwohl der Zug natürlich den Vorteil dieser grandiosen Einfahrt ins Elbtal hat bei den Weinbergen von Radebeul. Von Schloss Wackerbarth ließe sich da erzählen und von der »Gesellschaft zur Bekämpfung der Nüchternheit«, jener wunderbaren, sehr barocken Idee, Diplomatie mit dem Vergnügen zu verbinden; am liebsten wäre ich mit dem Schaufelraddampfer den Fluss heruntergekommen. Als Elbflorenz ist die Stadt von Herder ja nur wegen der uffizienhaft reichen Sammlungen bezeichnet worden, was das Äußere betraf war unter August dem Starken vielmehr Venedig der Bezug, mit der Elbe als Canal Grande, auf dem die Kurfürstlich Sächsische sowie Königlich Polnische Gondel, die heute noch im Schlosspark Pillnitz besichtigt werden kann, gleichsam von Palazzo zu Palazzo verkehrte... Ich hätte mir schon eine Begründung einfallen lassen, warum der Wasserweg am besten war.

Aber sprach das wirklich dafür, wie Umberto Eco aus diesem Reiseführergebaren der Dresdner schloss, dass es sich um den Fall einer besonders »selbstsicheren Stadt« handelte, die so wie Rom oder Paris einfach voraussetzt, dass sie gefällt?

Für mich nicht. Ich wusste, wo die Problemzonen lagen, von denen ich ablenken wollte. Wir nahmen das Auto auch, um die Bahnhöfe zu meiden, die Straßenbahn bei Nacht, die Neubauviertel und eine bestimmte Sorte Taxifahrer, die mit ihren gesellschaftspolitischen Ansichten in Bezug auf Westdeutsche und Ausländer keine zehn Autominuten hinter dem Berg halten konnte.

Einmal hatte aber auch im Innenhof des Zwingers zufällig gerade irgendein internationales Treffen von jugendlichen Neonazis stattgefunden. Das muss 1994 gewesen sein, als solche Leute wenigstens noch als das erkennbar waren, was sie darstellen wollten. Als ich später, irgendwann um die Jahrtausendwende herum, noch einmal als Berichterstatter beim jährlichen Bombennachtsgedenken am 13. Februar da war, ließen sich die gegen den »angloamerikanischen Bombenholocaust« protestierenden Mitglieder der Jungen Landsmannschaft Ostpreußen dagegen schon kaum noch von den aus Berlin angereisten Aktivisten der autonomen Antifa unterscheiden: Auf beiden Seiten trug man nun Schwarz mit Kapuze und Turnschuhen. Ein Junge, der frierend von einem dünnen New-Balance-Sneaker auf den anderen trat, wisperte mit kleiner Stimme, »damals« sei es an dem Tag auch so arschkalt gewesen. Seine Freunde standen auf der Leitung. »Letztes Jahr?«

»Nein, 45.«

Das war hinter dem Zwinger, Höhe Nymphenbad, wo sich an einer Böschung noch eine Erinnerung an die Befestigung der Stadt erhalten hat. Von den nahe gelegenen Funktionsanbauten der Semperoper grinsten, als wären sie angewidert, die großen Sandsteinmasken von Bildhauer Makolies (der im Übrigen bei uns um die Ecke wohnte und Hunde besaß, bei denen man vor Haaren nicht wusste, wo vorne und hinten war).

Aber die Neonazi-Versammlung im Zwingerhof, in die ich meine Hamburger Freunde da irgendwann im Frühjahr 1994 aus Versehen hineinmanövriert hatte, machte aus Pöppelmanns heiterer Architektur trotzdem kein grimmiges Reichsparteitagsgelände, und die geradezu glucksenden Satyrn von Permoser an den Wänden wurden deswegen nicht zu arnobrekerhaften Recken. Bei Hebedas in der Neustadt schmeckte auch an so einem Abend das Bier (und kostete vor allem fast nüscht) oder vor den von der Sonne aufgeheizten Rebhangmauern ein Weinchen. Und wenn man es nicht ganz so genau nahm, dann hatte die Stadt doch auch etwas von Florenz, jedenfalls seit die Frauenkirche neben dem Kampanile der Hofkirche wieder Brunelleschis Dom vorstellen konnte (in der Zwischenzeit hatte die Kuppel auf dem Ausstellungssaal der Kunsthochschule diese Funktion einnehmen müssen, die sogenannte Zitronenpresse). Der Weiße Hirsch war gewissermaßen Fiesole, und das sahen die Freunde aus dem Westen in aller Regel auch ein. (Manche wollten nur keinen Solidaritätszuschlag mehr bezahlen, nachdem sie die Villen in Loschwitz gesehen hatten.) Alles andere wäre aber auch noch schöner gewesen, im Sinne von noch schlimmer, im Sinne von Kapitulation.

Wolfgang Tillmans, der Fotograf, hatte in einer

Retrospektive, die jetzt auch schon wieder bestimmt zehn Jahre her ist, zwischen seinen Fotos eine Materialsammlung mit Fundstücken ausgebreitet – darunter die Anzeige einer Pension im Elbsandsteingebirge, die aus einer rechtsradikalen Zeitung stammte: man freue sich auf national gesinnte Gäste, die da im Übrigen fein unter sich seien. Die Anzeige lag da in so einer empörten Kommentarlosigkeit. Ich fand immer, gerade deswegen muss man eigentlich noch viel häufiger hinfahren, man muss dort ja nicht übernachten, und schlechtes Essen gibt es auch jenseits der Grenze bei den Tschechen. Aber wegen zweifelhafter Anwohner nicht mehr durch die Schwedenlöcher wandern? Von den Richterschlüchten ganz zu schweigen.

Wegen der zweifelhaften Typen aus Johannstadt und Gorbitz und ihrer jeden Februar zu Besuch kommenden Freunde von den Jungen Landsmannschaften aus Ost- und West- und Sonstwaspreußen meinen neuen Freunden aus Hamburg nicht die Stadt zu zeigen, aus der ich kam? Absurd.

Jede Sache hat mindestens noch eine andere Seite, und in Dresden ist das, immer schon, die Neustädter Seite.

XII

Für ahnungslose Literaturexperten ist die Stadt lediglich der Schauplatz von E.T.A Hoffmanns erfolgreichster Erzählung, der vom »Goldnen Topf«. Wirkliche Kenner wissen: Es geht im Kern um nichts anderes als Dresden und sein bipolares Wesen.

Das Schwarze Tor, durch das der Student Anselmus zu Beginn der Geschichte rennt, befand sich am heutigen Albertplatz, der zu meinen Zeiten wiederum »Platz der Einheit« hieß. Diesseits davon die Welt, wo das fiese Apfelweib keift, wenn der euphorisch Vorwärtsstürzende aus Versehen die Ware umrennt, und ein empörter Pulk den Unglückseligen nach Bürgerwehrmanier stellt und festhält, bis er bestraft und ausgenommen werden kann. Jenseits davon hingegen: das Fest des Lebens bei Musik und Tanz, die Lockungen des Rauschs, der Tagträume, der schlängelnden Mädchen aus dem exotischen Reich Atlantis …

Für die Literaturexperten ist das nur die Grenze zwischen biederem Bürgeralltag und verzauberungssüchtiger Romantik. Dabei ist es, auch topografisch, reinster Realismus: Das Schwarze Tor mag als Bau verschwunden sein (das war es sogar schon, als Hoffmann seine Novelle schrieb), aber als Barriere zwischen den Welten existiert es bis heute. Der Standort ist nur wenige Meter gewandert, nämlich dahin, wo nach Norden die Alaunstraße abgeht.

Ich kann das deswegen mit Bestimmtheit sagen, weil ich als Jugendlicher selber oft genug anselmusmäßig verzückt durch diese Gegend gestürzt bin, und ich war nicht der Einzige.

Das ganze, wegen seiner Lage jenseits der ehemaligen Stadtmauer Äußere Neustadt genannte Gebiet mit seinen verfallenden Altbauten, Nachtcafés, Rotweinschwadroneuren, Pils-Punks, Wohnungs- und Hausbesetzern war ein einziges anselminisches Schwärmer-Paradies, zusammengehalten von der Angst vor dem »Fall ins Kristall« (bei Hoffmann sieht Anselmus doch irgendwann all diese kleingemachten Leute, die pfeifend ihrem Arbeitsalltag nachgehen und gar nicht merken, dass sie in Einweckgläsern stecken.) Die Neustadt war der Zaubergarten für die, die in diesem Sinne gerne noch eine Weile nicht erwachsen werden wollten, und die Alaunstraße war seine Magistrale.

Ludwig Meidner: Alaunstraße

Im Dresdner Kupferstichkabinett kann man sich, wenn man höflich fragt und weiße Handschuhe überzieht, eine Zeichnung anschauen, die beweist, dass das auch auf halber Strecke zwischen E.T.A. Hoffmann und heute galt, also im Frühsommer 1914.

Die Zeichnung, mit Tusche, Feder und Pinsel ausgeführt, ist von Ludwig Meidner. Und dass Meidner ein sogenannter Expressionist war, ändert nichts daran, dass sein Bild der Alaunstraße in gewisser Weise wirkt wie ein Foto. Exakt so sah das auch für mich aus: tanzende Wände, torkelnde Figuren, fliegende Hunde, Verheißung, Angst, *excitement*… ganz besonders freitagnachts.

Man kennt Meidner heute, wenn überhaupt, dann als prophetischen Schöpfer von »apokalyptischen Stadtlandschaften«, in denen er 1913 schon, dem letzten satten Friedensjahr des alten Europa, den kommenden Krieg vorausgesehen habe. In der Zeit, als er sie malte, wird man ihn sich trotzdem weniger als die dunkel mahnende Kassandra vorstellen müssen, als die er sich dann vermutlich auch zu seiner eigenen Überraschung entpuppte, sondern eher als einen generell überschwänglichen jungen Mann, dem vieles zur Erregung taugt. Die dramatisch splitternden Häuseransichten aus dieser Zeit heißen manchmal auch »Straßenszene mit betrunkenen Häusern und Bäumen« oder »Betrunkene Straße mit Selbstbildnis«. In Madrid, wo ich eine Weile studiert habe, hing das Bild, das die meisten Heimatgefühle in mir auslöste, im Museo Thyssen Bornemisza: ein Gemälde von Meidner, das eine Villa in Blasewitz zeigt, an der ich oft vorbeigegangen bin, die halb zu tanzen, halb wie ein Kartenhaus zusammenzustürzen scheint. Das Bild deckte sich mit meinem jugendlichen Blick auf die Villen von Blasewitz in ihren überbordenden Gärten besser, als jedes Foto das getan hätte, auch wenn einem erwachsenerem oder distanzierterem Blick vor allem auffallen muss, wie viel sich Meidner von Robert Delaunay abgeschaut hat, den er kurz zuvor kennengelernt hatte.

Meidner war mir letzten Herbst erst in New York wieder begegnet. Sein ekstatisches Selbstportrait »Ich und die Stadt« von 1913 hing dort als Eröffnungsbild in einer Ausstellung über »Berlin Metropolis«, und ich hatte, wie immer vor diesem Bild, den Eindruck, dass die Stadt in Meidners Rücken mit ihren Kirchtürmen und Schornsteinen und Bergen eigentlich eher nach Dresden aussieht als nach Berlin.

Meidner, der aus Schlesien stammte, lebte zwar eigentlich in Berlin, er war aber 1913 länger in Dresden. Einem feinen Ausstellungskatalog aus dem Stadtmuseum dort entnehme ich nun, dass er 1914 noch einmal für ein paar Monate da war, bei der Gelegenheit entstand die »Alaunstraße«, während er direkt um die Ecke wohnte, in der Bautzner. Und die beiden Straßen standen bei Meidner offensichtlich für genau die gleiche Art von Gegensatz von Eng- und Offenherzigkeit, die E.T.A. Hoffmann mit seinen Märchenfiguren schon umrissen hatte.

In seinen *Erinnerungen an Dresden* schreibt Meidner: »Die Bautzner Straße hatte einen Dämon im Genick. Ach, der war nicht der kosmopolitische Zug der Alaunstraße eigen: Das Weitausschreitende und unermesslich Wallende. Ein zweiter, schmaler, doch menschlicherer Elbstrom, ein Hineinrufen in den Himmel. (...) Man wehte so, ledig aller irdischen Schwere, mit dem erschütternden Gesang durch diesen Engpass hin und wart ein wilder, turbulenter Narr. Ja, aber die Bautzener war ganz anders. Da standen viele Litfaßsäulen wie dicke, schwatzhafte Weiber herum, und wenn wir aus unseren Stuben die Köpfe rausstreckten und die Leiber weit vorbeugten, dann gewahrten wir den großen Straßen-Dämon mit heiserem Hundegebell, und wir zuckten wie gestochene Blitze schnell wieder in die Stuben zurück und taumelten lange und riefen die Wände zu Zeugen unserer unausdrückbaren Gefühle auf. Drei verwegene Stuben bewohnten wir im ersten Stock, ich und der Dichter Lotz.«

Erstens war Meidner nämlich ganz offenkundig ebenfalls so ein Hoffmann'scher Anselmus, und zweitens kam sein Freund und Mitbewohner, der Dichter Lotz, Ernst-Wilhelm Lotz mit vollem Namen, bei so viel lyrischem Überschwang des Malers kaum noch mit, obwohl er es natürlich versuchte. Lotz schrieb seinen Eltern aus Dresden: »Zu meinem Fenster kommen ganze Wolken Fliederduft herein, und wenn ich die Nase herausstrecke, betäubt mich ein starrer Wald von Violett. Meisterhafte Zeichnungen und Gemälde des großen, wenngleich noch wenig bekannten Ludwig Meidner erhalten in mir von den Wänden aus einen Taten und Gedanken zeugenden Rhythmus. Ich bin bis oben gefüllt von Leben und fließe fortwährend über.«

Dagegen Meidner wiederum:

»In meine Striche floss ein wenig die edle Geigenmusik von Dresden ein. Ich fühlte einen andren Rausch als in Berlin in meinem Rücken. Ich fühlte, dass die Gegenwart allgültig, leicht und wie ein langer, sanfter Traum aus meinen Händen strömte. (...) Und wir brannten zusammen auf wie ein riesiges Feuer, liefen sprachlos aus dem Haus, und als wir in den Albertplatz einbogen, umrauschte uns der Gesang der Türme, lieblich wie ein alter Choral, und wir blieben verdutzt stehen und fragten verwundert, was uns hier getroffen habe. Dann genossen wir den Abend in tiefen Zügen, und spätnachts, an der Elbe, hielten wir noch immer die Flaggen der Begeisterung in Händen hoch.«

Lotz zog, mit der Flagge der Begeisterung in Händen hoch, noch in demselben Sommer in den Weltkrieg und kam schon nach wenigen Wochen um. Meidner wandte sich in den Zwanzigerjahren den orthodoxeren Spielarten seines Judentums zu, emigrierte nach England, und kehrte nach dem Zweiten Weltkrieg aus Sehnsucht nach der deutschen Sprache sogar nach Deutschland zurück, wo er, gerade, als seine Wiederentdeckung begonnen hatte, 1966 starb.

Es sieht fast so aus, als wären die beiden Männer nie so glücklich gewesen wie damals, im Frühsommer '14 in Dresden.

Anselmus und ich können das nachvollziehen.

Und wer nachvollziehen will, dass es auch heute ein Dresden gibt, das in so ziemlich allem das Gegenteil ist von dem, was man sich woanders im Moment unter Dresden vorstellt: Einfach einmal durch das schwarze Tor der Alaunstraße gehen.

XIII

Bill de Blasio, der Bürgermeister von New York, hatte in seinem Wahlkampf 2013 immer wieder auf Charles Dickens' Romantitel *A Tale of Two Cities* angespielt. Der Roman erzählt zwar wirklich eine Geschichte aus zwei verschiedenen Städten, nämlich Paris und London. Aber de Blasio wollte eben zum Ausdruck bringen, dass auch New York aus zwei Städten bestehe, und eine davon sei mittlerweile fast schon verloren an die Superreichen. In der anderen, muss man dazu sagen, lebten die, die das erst noch werden wollten.

Es mag da eine soziale Spaltung geben, aber nicht unbedingt auch eine mentale. Ich fand, wenn ich das hörte, immer: Wenn irgendwo eine Stadt wirklich in zwei gänzlich verschiedene Welten zerrissen scheint, dann ist das nicht die, in der ich gerade bin, sondern eher die, aus der ich komme.

Was hat man denn vor Augen, wenn man von Dresden spricht?

Eine Stadt orthodox lutherischer Bürger? Oder

die Residenz eines zum Katholizismus zurückgekehrten Hofs?

Eine Stadt des Barocks? Oder eher der Romantik? In der das meiste, was an Altbauten noch steht oder wiederaufgebaut wurde, wenn man es genau nimmt, um 1900 entstanden ist?

Die Stadt, in der Wagner, Semper und Bakunin in revolutionärem Elan Barrikaden gebaut hatten, oder die, in der Schopenhauer dem Pessimismus ein philosophisches Gebäude errichtet hat?

Zuversichtlichstes »nu klar« oder diese alles durchtränkende Skepsis, die sich in einem geradezu habituellen Dauerabwinken äußert und in einem sarkastischen »nu da«.

Die Hauptstadt eines so notorisch sozialdemokratischen Sachsen, dass man es das rote Königreich nannte. Oder die vom besonders braunen Super-Gau.

Das tragisch den Bomben zum Opfer gefallene Gesamtkunstwerk. Oder die hakenkreuzbeflaggte Falle, in der den letzten dort verbliebenen Juden noch am Tag dieses Bombardements die Deportationsbefehle zugestellt wurden, wie man aus den Mitte der Neunziger herausgekommenen Tagebüchern des Victor Klemperer erfuhr, der selbst wohl ohne die Zerstörung Dresdens nicht mit dem Leben davongekommen wäre.

Oder aber die sozialistische Großstadt, in der alles anders, heller, zukünftiger werden sollte, woraufhin Walter Ulbricht persönlich die noch unzerstört gebliebene Sophienkirche aus dem Stadtmodell pflückte.

Die Stadt der Steinmetze und die der Mikroelektroniker.

Die Stadt, wo »Der Sozialismus siegt« auf einem Hochhaus stand, als Leuchtreklame. Oder die, wo die Leute diese optimistische Losung durch die Dialektik des Dialekts immer wieder defätistisch zur Tatsachenbeschreibung zurechtbogen: »Dor Sozialismus siecht.«

Diese sonderbare politische Leuchtreklame war irgendwann Ende der Sechziger angebracht worden, irgendwann in der zweiten Hälfte der Achtziger wurde sie über Nacht wieder abgeschraubt, nicht ohne auf der Wand als heller Schatten noch erkennbar zu sein, so wie später in den Schulzimmern die Stelle, wo jahrzehntelang das Honecker-Porträt gehangen hatte. Es war wie ein erweitertes

Bühnenbild zu Heins »Rittern der Tafelrunde«, die kurz darauf im Theater gegeben wurden: der Abgesang auf das Gewühle nach dem Gral.

Schließlich: Stadt der Hochhäuser und der Leute, die mit Hochrädern davor posieren.

Ernst Hirsch: Matz Griebel

Dieses Bild, aufgenommen von dem Filmemacher Ernst Hirsch, kurz nachdem die aufmunternde Leuchtschrift an das Dresdner Hochhaus kam, hing Mitte der Neunziger sehr groß im Deutschen Historischen Museum in Berlin, als dort die Ausstellung »Bohème und Diktatur in der DDR« gezeigt wurde. Und der Mann mit dem Hochrad, der darauf zu sehen ist, ist nicht nur ein entschiedener Verkörperer dieser Widersprüche, sondern stellt in etlicher Hinsicht auch ihre Synthese dar.

Matz Griebel, nach der Wende Direktor des Stadtmuseums, war in der DDR praktisch ein Republikflüchtling, der den real existierenden Sozialismus innerlich und auch habituell in Richtung Königreich Sachsen um 1900 verlassen hatte, wodurch er fast als Einziger eines langsam ausblutenden Kreises von Querulanten zu Hause bleiben konnte. Wir – ein Freund und ich – hatten seine Bekanntschaft von meiner ebenfalls in den Westen abgehauenen älteren Schwester mehr oder weniger geerbt. Er gab damals gerade die Lebenserinnerungen seines Vaters Otto Griebel heraus, eines Malers und KPD-Manns, der sich vor den Nazis einst auch schon nach Sachsen geflüchtet hatte, in die Landschaften und in ihre Geschichte und in das, was sein Sohn Heimatforschung nannte.

Der Begriff hatte etwas Unangenehmes für uns damals, und der Blut-und-Boden-Schorf, den die Nazis daran hinterlassen hatten, war nur der eine Grund. Entscheidender war, dass Heimat inzwischen auch so intensiv nach DDR schmeckte wie die Ersatzschokolade in der »Schlager-Süßtafel«. »Unsere Heimat« war ein Pionierlied aus den Fünfzigern, das wie eine gesungene Verpflichtung zu zehn Jahren Dienst in der Nationalen Volksarmee klang. »Unsere Heimat DDR« war wiederum eine Kampagne, mit der die FDJ-Zeitung *Junge Welt* auf die Ausreisewelle in den Achtzigern reagierte, hier klang das Wort wie ein passiv-aggressives Synonym für Schießbefehl.

Aber der Mann mit dem Hochrad und dem König-Albert-Bart hat den Begriff ein wenig entstaubt für uns. Heimat war dann das, wo wir lernten, was die DDR daraus gemacht hatte, und was vorher die Nazis, und was davor hier so los gewesen war und davor und davor.

Dass er sich mit uns lästigen Kindern von Loschwitz überhaupt abgab, wird daran gelegen haben, dass er fand, dass man seine Heimat gefälligst kennen sollte, wenn man nun schon das Glück hatte, in Loschwitz, Dresden, Sachsen zu wohnen, zu welchem Staat auch immer das gerade gehören mochte. Denn sonst gehörten einem, wie er meinte, die Löffel vom Stamm gehauen.

XIV

Es waren die Jahre 1990ff., als das mit der Heimat schwierig wurde.

Während überall in Weiß und Grün die Sachsenfahnen aus den Fenstern hingen (bei vielen, die ihr Sachsensein erst lernen mussten, zunächst einmal auch verkehrt herum); während Matz Griebel mit dem wiedergegründeten Landesverein Sächsischer Heimatschutz (die erste Gründung war 1908 erfolgt) über die Dörfer zog und sich fragte, wie nach dem Sozialismus (Plattenbauten) nun der westdeutsche Baumarkt (Fertighäuser mit lila lackierten Dachziegeln) dem Landschaftsbild zusetzen würde; während andere wiederum nur endlich rauswollten in die lockende Fremde, und während noch andere, der Dichter Volker Braun etwa, bekannten, sich bereits fremd zu fühlen im eigenen Land – da lernten wir, dass Heimatschutz auch den rabiaten Beiklang von Revierverteidigung bekommen konnte, den viele Linke immer schon beargwöhnt hatten. Dabei galt das für niemanden mehr als gerade für sie: Die manchmal fast schon militärische Aufrüstung vieler besetzter Häuser in der Äußeren Neustadt zeugte davon. (Ihre Kämpfe gegen die sogenannte Gentrifizierung der Äußeren Neustädte dieser Welt tun es im Grunde bis heute.)

Aber war das alles wirklich so besonders und ganz anders als in anderen Städten?

Als ich vor Kurzem in einem Buch über die Jahre 1989/90 zu erzählen versucht habe, wie riskant es in der Zeit nach der Wende war, auf die Prager Straße zu gehen oder durch die Plattenbaugebiete von Johannstadt, Prohlis und vor allem Gorbitz, wenn man als Jugendlicher habituell eher dem – wie man heute hier so sagt – »links-grün versifften« Milieu der Äußeren Neustadt entsprach oder mit dem Makel sichtbar fremdländischer Herkunft (und sei es auch nur eines Elternteils) geschlagen war: Da hatte ich nicht den Eindruck, dass sich Dresden in diesen Dingen von Magdeburg oder Erfurt oder Rostock oder sonst irgendeiner Stadt damals im Osten wesentlich unterschieden hätte. In Berlin-Lichtenberg war mir mulmiger. Die Generation unserer Eltern hat die Scharmützel noch nicht einmal richtig mitbekommen, weil die ganz andere Probleme hatte in jenen Jahren.

Die Idee, das alles einmal aufzuschreiben, war in der Wohnung eines der engsten alten Freunde in Berlin-Prenzlauer Berg entstanden.

Wie im Zuge einer geometrischen Parallelverschiebung sind immer schon ganze Freundeskreise aus der Äußeren Neustadt von Dresden irgendwann in Berlin-Prenzlauer Berg gelandet, teilweise wohnten sie dort auch wieder exakt im gleichen Abstand voneinander. Nur ich war, gewissermaßen auf der Suche nach dem Oberloschwitz von Berlin, inzwischen in Grunewald gelandet, wo man allerdings keinen Blick auf die Elbe hat, sondern auf ältere Männer mit bunten Cordhosen und operierten Gesichtern, die dort tagein und tagaus im Café am Roseneck sitzen wie früher in Dresden die Weißte-noch-Omis im »Toscana«: stramm an den alten Zeiten festhaltende Nischenwessis.

Mein Freund und ich hatten uns dadurch länger nicht gesehen. Wir zeigten uns nun gegenseitig unsere Kinder, seine Mutter war auch gerade zu Besuch, und ich erzählte ihm, was ich auf dem Weg im Autoradio gehört hatte: Dass zwei Neonazis aus Thüringen, die man soeben erschossen in einem Wohnmobil gefunden hatte, mit der Mordserie an türkischen Kleingewerbetreibenden in Verbindung gebracht wurden, die der Polizei und der Öffentlichkeit seit Jahren Rätsel aufgegeben hatte.

»Die beiden Lutscher aus Jena waren das?«, fragte mein Freund. Die waren so alt wie wir gewesen. Wir hatten solche wie die gekannt. Die hätten auch werden können wie wir. Oder wir wie die?

Dann waren wir wie zwei Opas, die sich gegenseitig noch einmal Geschichten vom Krieg erzählten, und Dresden war dabei eigentlich nur der Frontabschnitt, den wir zufällig kennengelernt hatten.

Wir hatten beide den Eindruck, dass die meisten von den sogenannten Lutschern, die uns damals das Leben schwer- aber auch ereignisreich gemacht hatten, einigermaßen die Kurve gekriegt hätten, und dass nur in den Tälern des Umlands eine Art Bodensatz hängen geblieben wäre wie letzter verdreckter Schnee im Frühling. Und auch da hatten wir die Hoffnung, dass der Lauf der Zeit das von alleine erledigen würde. Denn der Gedanke, dass Leute auf ewig bleiben müssen, was und wie sie sind, war uns zu rechts – selbst in Bezug auf die Rechten.

Wir hatten das Gefühl, über etwas Fernes zu sprechen. Aber als das Buch dann geschrieben war, traten hier in Dresden die Patriotischen Europäer gegen die Islamisierung des Abendlandes auf die Straßen, und die Leute, die es lasen, lasen es oft genug als Vorgeschichte zu dem, was jetzt dauernd über die Stadt in der Zeitung stand; dagegen ließ sich wenig machen.

XV

Ich hatte zum ersten Mal am 7. Dezember 2014 in der *New York Times* über Pegida gelesen, wo Dresden seitdem immerhin einen Stammplatz in der Auslandsberichterstattung hat. Die Überschrift lautete: »In einer deutschen Stadt, reich an Geschichte und Tragödien, wächst die Welle des Widerstands gegen die Einwanderung.« Alison Smale, die aus Großbritannien stammende Deutschlandkorrespondentin der *Times*, begann ihren Artikel mit den »glühwein stands« auf »Germany's oldest Christmas market«.

Über die Demonstranten sagte sie, das sei »eine bunte Mischung aus extrem Rechten von der NPD, jungen Hooligans und ganz normalen Leuten, die sich übergangen fühlen, während Ausländer ins Land strömen – mindestens 200.000 allein dieses Jahr – und Arbeit oder Asyl suchen«.

Dass die Demonstranten Nazis seien, behauptet nicht die Autorin, sondern eine Verkäuferin in einer der Weihnachtsmarktbuden, die um ihre Einschätzung gebeten wurde. Andere sagen: »Erst mal abwarten.«

Keine Ahnung, ob die *New York Times* mit diesem sehr angloamerikanischen Bemühen um strikte Trennung von Nachricht und Meinung bei den Pegida-Leuten trotzdem als Lügenpresse gilt. Immerhin stand da auch: »Trotz seiner reichen Kultur und seines gegenwärtigen wirtschaftlichen Wohlstands sind Dresden der Rechtsextremismus und der Hass auf Ausländer nicht fremd.«

Dass das, was den einen eine Tatsache ist, den anderen lediglich eine bestreitbare Meinung sein kann, haben wir immerhin schon bei Hannah Arendt gelernt.

Ich muss mich im Gegenzug natürlich fragen lassen, ob ich nicht aus einer Meinung, nämlich meiner, eine Tatsachenbehauptung gemacht habe, oder aus Vorurteilen Urteile, beziehungsweise umgekehrt: aus Urteilen (dieser Leute über die Situation in ihrem Land) Vorurteile.

Als ich mir die Sache bei erster Gelegenheit, Anfang Januar 2015, selber angeschaut und meine Eindrücke für die Zeitung aufgeschrieben hatte, für die ich arbeite, da war ich mit großer Sicherheit für diese Leute ein Teil dessen, was sie dort so gern und so laut und so häufig Lügenpresse nannten. Denn mein Auftrag war, ganz subjektiv zu berichten, was ich da sehe als heimkehrendes Kind dieser Stadt. Ich kann nur beteuern, die Schilderung meiner Eindrücke war authentisch: Ich habe mir auf die Zunge gebissen, um die Jungs mit dem Banner, auf dem »Deutsch und frei« stand (nur im Dialekt des Erzgebirges), nicht Nazis zu nennen.

Und ich habe in vielen der stämmigen, schnauzbärtigen mittelalten Männer dort den Typen wiedererkannt, der in dem Lehrbetrieb, wo ich mich nach dem Abitur in einem Anfall von kulturrevolutionärem Überschwang 1992 kurz zum Arbeiter machen lassen wollte, immer die Radionachrichten von den mit Molotowcocktails angezündeten Asylantenheimen kommentiert hat, als wären es Tore bei einem Fußballspiel: »Jawoll! Und gleich das Nächste!!«

(Ein faszinierender Mann war das, von oben bis unten voll mit schlechter Laune, Zorn, Missmut und offenem Hass, der den ganzen Tag lang in ihm herumbrodelte und manchmal, wenn der Druck zu groß wurde, zwischen geschlossenen Zähnen hindurchgepfiffen kam. Und es war herrlich, dass ausgerechnet der einen Chef aus Bayern hatte, der genauso schnauzbärtig aussah und auch den ganzen Tag lang hasste, allerdings die seiner Meinung nach notorisch dummen, faulen und minderwertigen Ostdeutschen.)

Nicht den Mann selber habe ich dort wiedergesehen, der ist im Zweifel längst gestorben an zerfressenem Magen oder so, aber den Typus. Es war ein Déjà-vu-Erlebnis, die frühen Neunziger schienen zurück zu sein, nur ohne den Spaß, die Leichtigkeit, den fröhlichen Anarchismus dieser Zeit.

Und das war noch vor der späteren Radikalisierung der Bewegung.

Es sprach da noch diese Frau ohne Augenbrauen, die, die kurz darauf ausgestiegen ist, weil es selbst ihr zu extrem geworden sei. Die zitierte da Aussagen der damaligen Dresdner Bürgermeisterin, die mir bei der Gelegenheit ganz vernünftig vorkamen. Aber das war nur eine Art Vorsingen, damit die Masse alle paar Sätze im Refrain »Volksverräter« schreien konnte – oder wie man in Sachsen sagt: bläken. Wo jedoch noch häufiger und zeternder »Volksverräter« geschrien wird als einst in Roland

Freislers Schauprozessen, muss man sich, finde ich, nicht darüber wundern, in einer bestimmten Ecke verordnet zu werden. Und ich gelobe, dass ich nicht zu denen gehöre, die »Sorgen« und »Ängste« von vornherein für pathologisch, gegenstandslos und nicht diskussionswürdig halten. Denn es ist ja nicht so, dass man gleich mit Heidegger und Kierkegaard hantieren muss, um vielleicht doch einzusehen, dass diese Dinge nun einmal zum Leben gehören, vor allem zum Zusammenleben. Wem ein größeres Aufnahmelager ins Dorf gesetzt wird, und wer es dann statt der Flüchtlingsfamilien aus den syrischen Kriegsgebieten, deren Kinder so oft im Fernsehen gezeigt werden, vor allem mit Männern aus Tunesien und Marokko zu tun bekommt, hat vermutlich das Recht, nicht sofort als Nazi beschimpft zu werden, wenn er wissen will, warum das so ist, und ob da nicht in der Kommunikation etwas verbesserungswürdig wäre.

Aber es sah dann nicht unbedingt danach aus, als ob die syrische Kriegsflüchtlingsfamilie mit den kleinen Kindern wirklich so viel willkommener wäre als die »allein reisenden jungen Männer«, wie sie hier hießen. Es war ja deutlich, wie unwillkommen schon die Wessis in der Stadt letztlich waren, wenn man darunter mal alle die versteht, die mit einer etwas kosmopolitischeren Perspektive aus dem Westen gekommen oder von dort zurückgekehrt waren.

Was da zu sehen war, war keine Sorge und keine Angst, sondern pure, selbstberauschte Wutlust, wie man sie von AC/DC-Konzerten kennt, wo sie meiner Ansicht nach auch hingehört.

Kann natürlich sein, dass Aggressivität auch nur ein Ausdruck von Angst und Sorgen ist. Kann auch sein, dass da bei mir ganz eigene Sorgen, oder besser Reflexe wachgerufen, oder besser wachgebrüllt wurden. Ich habe noch in Erinnerung, wie die Leute dauernd »Wir sind das Volk« schrien, als wäre das ein Hit von ihrer Lieblingsband. Und wie ich denken musste: Seid ihr eigentlich nicht.

Denn die fast 20000 an jenem Tag waren ein selten wieder erreichter Rekord von Pegida, und selbst wenn die alle aus Dresden gewesen wären und nicht aus dem Umland, hätten sie hier nicht mal ganze 5 Prozent der wahlberechtigten Bevölkerung gestellt. Das entspricht auch ungefähr dem offiziellen Ausländeranteil der Stadt.

XVI

Vor allem habe ich seitdem die Dresdner im Ohr, die ich in der Stadt noch kenne und die nicht recht zu fassen schienen, wie da Montag für Montag von so wenigen das Bild gedreht wurde, das sie selbst von ihrer Stadt hatten. Stadt mit den meisten Geburten, jugendlichstes Rathaus, Hightech-Industrie, Max-Planck-Institute, internationale Schule für die Kinder der Amerikaner, Inder, Koreaner und so weiter, die dort arbeiten, und sowieso die Schulen, Abitur nach knackigen zwölf Jahren, früher zu Ostzeiten ging das schließlich auch, und trotzdem die ziemlich guten PISA-Werte, all das … für den Hintern, wie man so sagt. In der Außenwahrnehmung ist es jetzt die Stadt der notorisch rechten Deppen und verbiesterten Alten, der Loser aus der DDR. Und die Stadt derer, die sich zu fein sind, dagegen auf die Straße zu gehen. Dieses Bild klebt erst einmal, auch wenn einiges von dem, was früh bei Pegida zu hören war, inzwischen selbst in den Zeitungen steht, die das noch erschrocken zurückgewiesen haben, als es in Form von fußballplatzartigem Gebrüll und garniert mit »Volksverräter«-Rufen daherkam.

Kann es sein, dass die Gegendemonstrationen in Dresden auch deswegen nie die nötige Masse gewonnen haben, weil vielen in dieser Stadt das genaue Gegenteil der Pegida-Parolen, das »No nations, no borders« der Linksradikalen ebenfalls nicht ganz geheuer ist? Kann es auch daran liegen, dass der »Jargon der Weltoffenheit«, um das höhnische Wort von Frank Böckelmann aufzugreifen, manchmal tatsächlich etwas, sagen wir, formelhaft und gesundbeterisch klingt? Dass es erwachsenen Menschen ganz einfach widerstrebt, hinter bunten Luftballons herzulaufen? Und dass auch nicht alle sich wohlfühlen hinter Transparenten, mit denen einerseits etwas undifferenziert und andererseits aber stramm durchgegendert gegen »Rassist*Innen« anmarschiert wird?

Mir ist so, als hätte ich verschiedentlich solche Signale empfangen.

Gleichzeitig aber auch Signale der Verbitterung darüber, dass diese wenigen so überproportional auf den Ruf der Stadt durchschlagen, während diejenigen, die sich natürlich auch in dieser Stadt dem Vorwurf des Gutmenschentums aussetzen, in der Außenwahrnehmung praktisch keine Rolle zu spielen scheinen.

Als Journalist muss ich da sagen: So ist das nun einmal. Auch eine Art Vexierbild-Problem: Wir sehen tendenziell die 15 Prozent für die NPD in der Sächsischen Schweiz als Schlagzeile, nicht die 85 Prozent, die etwas anderes wollen. Hier machen nun im Schnitt 8000 Leute, die zum Teil von weit draußen angereist kommen – aber eben auch vor dem Hintergrund, dass 500 000 Einheimische montags lieber zu Hause bleiben –, Dresden für den Rest der Welt zu einem notorisch konservativen, stur im Gestern verharrenden, immer schon verbohrt fremdenfeindlichen Ort.

Das kann man ungerecht, verkürzt und falsch finden, das kann man aber kaum ignorieren. Es sei denn, man lebt taub für Außengeräusche in einer Blase der Selbstgewissheit vor sich hin. Das gibt es, das gibt es sogar erstaunlich oft, dafür eignet sich das Elbtal, klarer Fall von »Fall ins Kristall«.

Aber natürlich herrscht bei den anderen auch immer eine gewisse Erleichterung, wenn sich einer findet, auf den man gut mit dem Finger zeigen kann, während man sich selbst seiner Leute nicht mehr so ganz sicher ist.

XVII

Was Pegida so deprimierend machte, war erstens, dass diese Bewegung selber schon mal vorführte, wovor sie warnt: wie eine radikale Minderheit den öffentlichen Raum besetzt, den eine liberale Gesellschaft mit dem Willen zur demokratischen Korrektheit ihr lässt – »solange diese Leute sich an die Gesetze halten, haben auch die ein Recht auf die fotogensten Plätze der Stadt«. Und zweitens: Dass die erwartbaren Reaktionen auf diese Truppe jede Auseinandersetzung mit dem Problem des Islamismus in Deutschland eher schwieriger machen würde. Denn die bundesdeutsche Öffentlichkeit tut sich nun einmal leichter beim Kampf gegen das Vertraute.

Kaum weniger deprimierend war nämlich das Niveau der Reaktionen. Pfui, Buh, gegen Rassismus etc., und zwar mit: Sachsen raus, Mauer wieder hoch, Ossis alle doof usw. usf.

Im Ernst? Wie 1992?

Damals gab es zum Glück Facebook noch nicht,

wo man sich heute fragen muss, in welcher Ecke es eigentlich verbiesterter zugeht, an den Stammtischen der dort übrigens auffällig bundesweit in die Tasten hackenden Pegidisten oder in den Stuhlkreisen der Erschütterten und Empörten. Mit dem Aufmarsch der Pegida kamen auch die alten Ressentiments gegen den Osten in einem Maße wieder hoch, als hätte vielen Westdeutschen jemand mit dem Hämmerchen aufs Knie geklopft, als könne Chauvinismus nur mit Chauvinismus begegnet werden, und der gegenüber dem Osten ist nun einmal die einzige Art von Chauvinismus, die in der Bundesrepublik noch fast uneingeschränkt salonfähig ist: »Dunkeldeutschland« war wieder zu hören (ausgerechnet vom selbst daher stammenden Bundespräsidenten), immer wieder natürlich »Tal der Ahnungslosen«, und auch »Erst mal selber wieder in die Kirche gehen!«. So als ob es im Ernst um Frömmigkeitswettbewerbe wie zu Zeiten der Konfessionalisierung gehe und nicht vielmehr darum, darüber eigentlich hinweg sein zu dürfen.

Das Dresden-Bashing, das nach Pegida einsetzte, schien mir zum Teil die gleichen Züge zu haben wie das, was es kritisieren wollte: Der Stadt wurde ein quasi in die DNA eingebauter Hang zum aggressiven Konservatismus und zur Abwehr allen Fremdens nachgesagt, der durch den Nationalsozialismus im Dritten Reich, dann durch den ebenfalls eher nationalen Sozialismus in der DDR und schließlich durch die selbstzufriedenen Erbregime der sächsischen CDU immer nur befeuert worden sei und jetzt fast schon folgerichtig diese Früchte trage.

XVIII

Diese Art von essentialistischer Trostlosigkeit, wonach Leute charakterlich durch ihre Herkunft gewissermaßen unentrinnbar prädestiniert sein sollen, geht mir schon aus eigener Betroffenheit gegen den Strich. Andererseits bin ich so häufig gefragt worden, ob in Dresden irgendetwas Besonderes im Grundwasser sei, irgendwelche Amphetamine vielleicht, die die Leute da dermaßen aufdrehen lassen, dass es sich wahrscheinlich nicht vermeiden lässt, auch diese Seite des Vexierbildes Dresden mal ins Auge zu fassen.

Es ging dabei gar nicht nur um die Glückseligkeit der schlechten Laune, mit der hier jeden Montag »beleidigte Sachsen im Kreis rennen«, wie ein Kollege in meiner Zeitung schrieb. Es ging auch um die Vehemenz, mit der in dieser Stadt schon über die Waldschlösschenbrücke gestritten wurde. Wo hat man das, dass sich Familienväter, Bartträger, Diplomingenieure über Städtebauliches buchstäblich an die Gurgel gehen?

Auch hier wieder der Eindruck, dass beide Seiten zwei völlig verschiedene Städte vor sich sahen. Die einen sprachen von Sichtachsen durch das Elbtal, die anderen vom Berufsverkehr. Die einen saßen wie Hoffmanns Student Anselmus in den Elbwiesen und sprachen verliebt mit den Schlangen, die anderen bellten herum, wie man so früh am Tag schon betrunken sein könne und hatten zu tun.

Nach jeder Brandrede von Matthias Sammer bei den Bayern wurde ich aus München gefragt, woher dieser Hang zum Gemotze eigentlich komme, der sei doch Dresdner, und das Klischee verlange von Dresdnern eierscheckenweiche Gemütlichkeit. Andererseits: War Herbert Wehner ein gemütlicher Typ?

Der Vorwurf sächsischer *grumpiness* muss aus Sicht eines Betroffenen natürlich fehlgehen, der Vorwurf drängelnder Unleidlichkeit zu noch größerer Unleidlichkeit führen: »Verärgerungsursachen bekämpfen!« möchte man dann rufen. Außerdem steht in jeder Illustrierten, die im Arztwartezimmer ausliegt, dass man Gefühle »zulassen« solle, warum also nicht auch den Zorn und warum nicht auch den von älteren weißen heterosexuellen Männern, die durch einen Hang zu Bluthochdruck, Radeberger und Grillwürsten ohnehin schlechte Karten im Überlebenskampf haben?

XIX

Ich sitze also in Brooklyn, schaue, wenn ich Zeit habe, verflucht sei das Internet, immer mal wieder mit Angstlust in die deutschen Debatten, als wär's ein Unfall auf der Gegenfahrbahn, und frage mich, ob da was dran ist, an all den Thesen von den beleidigten, narzisstisch gekränkten Sachsen, die sich die Experten jetzt überall so zusammenpsychologisieren.

Ich bin darüber fast selber ein bisschen beleidigt, gehe zum Bücherschrank, blättere ein bisschen, meistens in den vorzüglichen Themenheften des Dresdner Geschichtsvereins, von denen ich ein paar mitgenommen habe, und muss meistens leider sagen: Ganz aus der Luft gegriffen scheint es nicht.

Theodor Fontane, der in den 1840er-Jahren mal eine Weile in Dresden als Apotheker gearbeitet hatte, schreibt in seinen Erinnerungen *Von Zwanzig bis Dreißig*, es gebe zwei grundsätzliche Typen hier, erstens »den Kaffeesachsen, also den sentimentalen sächsischen Typus« und zweitens einen »energischen, leidenschaftlichen, zornig verbitterten«.

Nun hat die zornige Verbitterung eine durchaus wechselhafte Presse.

Als vor ein paar Jahren viele Stuttgarter recht leidenschaftlich gegen den Neubau ihres Hauptbahnhofs revoltierten, sozusagen als die Sachsen des Westens, da wurden sie als »Wutbürger« bezeichnet. Das war eine Kritik. Die bürgerliche Mitte, schrieb Dirk Kurbjuweit damals im *Spiegel*, sollte besser auch im Temperament seine Mitte wahren. Irgendwer erfand damals auch den Begriff »Sauer Crowd«.

Zur gleichen Zeit begann man aber, dem zivilen Zorn auch theoretische Kränze zu winden, sofern er sich politisch opportuneren Zielen zuwandte, nämlich der sozialen Revolte: Stéphane Hessels Streitschrift *Empört Euch!* wurde mit kapitalismuskritischem Furor zum Überraschungsbestseller des Jahres 2010 emporgekauft.

Vier Jahre davor gab es schon *Zorn und Zeit* von Peter Sloterdijk, ein düster orakelndes Werk, in dem es am Ende vor allem um die Wut der Beleidigten und Erniedrigten (oder sich jedenfalls so Fühlenden) in der islamischen Welt geht. Aber seitdem wissen wieder alle, dass der Thymos so zum Leben gehört wie der Eros und der Logos, dass die Empörung, neben dem Begehren und dem Verstand, unser Handeln treibt und lenkt.

Ich würde gern glauben, dass der spezifisch sächsische Thymos – der Dymos sozusagen – immer schon ein Kraftwerk war, in dem politisches Scheitern, Gebietsverluste, Spott über den Dialekt und so weiter hier schon seit hunderten von Jahren in Gewerbefleiß, Tüftelei, Gründerstolz und Kulturbeflissenheit umgemodelt werden. Aber man stößt schon auch auf beeindruckende Traditionen der Engherzigkeit und des Wegbeißens.

Wenn man annimmt, dass bestimmte Mentalitäten in einer Gegend besonders ausgeprägt sind, muss man allerdings auch fragen, ob das dann nicht für eine ziemlich strikte Homogenität der Gesellschaft spricht, in der bestimmte Erfahrungen, Einstellungen und Verhaltensmuster so über die Generationen getragen werden. Es ist eine Misslaunigkeit, die sich vielleicht nicht ohne Grund, nämlich sozusagen zum Selbsterhalt, gegen das wendet, was dann vielleicht am ehesten auch zur Stimmungsaufhellung in dieser Gegend beitragen kann: Zuzug von außen und Durchlüftung.

Falls das Schauspielhaus mal eine Bühnenfassung

von »Sachsens Glanz und Preußens Gloria« inszenieren will, könnte es sich, nach allem, was sich aus den Quellen sagen lässt, die Komparsen jeden Montag gleich von der Straße holen. Sie müssten sich beim Textlernen kaum umstellen:

»August, du Volksverräter, der Katholizismus hat hier nüscht zu suchen.«

»Italienisches Dörfchen? So weit kommt's noch!«

»Dieser Zwinger mit seinen neumodischen Schnörkeln passt überhaupt nie in unser schönes mittelalterliches Stadtbild.«

Oder: »Hugenotten naus! Mir wollen hier keene Berliner Zustände.«

Die Angst vor religiöser Überfremdung muss im lutherischen Dresden damals schon extrem gewesen sein, die Abneigung gegen die kostspieligen Allüren von »denen da oben« auch.

Ein halbes Jahrhundert, nachdem sich im Dreißigjährigen Krieg Protestanten und Katholiken gegenseitig das Land und das Leben zur Hölle gemacht hatten, hat die Re-Konversion ihres Kurfürsten um der polnischen Königskrone willen offenbar nirgendwo verstörender gewirkt als unmittelbar vor den Toren des Schlosses selbst, also in der

Stadt, die ihrem Herrscherhaus erst ein paar Generationen zuvor zum Luthertum gefolgt war. Auf einmal lebte eine beträchtliche Anzahl von Katholiken im Schatten des Hofes, rund viertausend heißt es, unter zwanzig- bis vierzigtausend Protestanten. Es kam zu Reibereien, einem Priestermord, Ausschreitungen, schließlich großer Baukunst:

Erst baute die Stadt sich demonstrativ eine evangelische Version des Petersdoms, die Frauenkirche. Kurz darauf kam die Antwort in Form einer katholischen Hofkirche in original römischem Barock von original italienischen Bauarbeitern, die nebenan ihr Ghetto hatten, eben das italienische Dörfchen, nach dem heute dort ein Gasthaus heißt. Und auf dem Dachsims standen winkend all die von den Protestanten nicht anerkannten Heiligen herum: eine Armee von Hooligans des Glaubens. Aber katholische Prozessionen blieben in der evangelischen Stadt verboten, daher hat die Kirche nun einen einzigartigen Indoor-Prozessionsweg. Erst Napoleon hat den Katholiken die Gleichbehandlung in Sachsen erzwingen können.

Als wiederum die Protestanten aus Böhmen vor der dortigen Rekatholisierung in großen Zahlen nach Dresden flohen, war es auch wieder nicht recht. In der Glaubens-DNA der Böhmischen gab es ein, zwei minimale Abweichungen, die zum ständigen Häresie-Verdacht gegenüber diesen sogenannten Exulanten führten. Die Alteingesessenen, liest man, hielten sie außerdem für schnöde Wirtschaftsflüchtlinge und Konkurrenten, während die Stadtpolitiker den demografischen Zuwachs der Stadt begrüßten. Als wiederum die Evangelisch-Reformierten aus Frankreich flohen, waren die Vorbehalte noch größer. Auch den Hugenotten musste erst vom Hof eine Nische gerammt werden. Sonst hätte Louis de Silvestre hier keine Bilder gelassen, Zacharias Longuelune kein Japanisches Palais und Adrian Zingg und Anton Graff hätten das Elbsandsteingebirge nicht nach ihrem Heimatland zur Sächsischen Schweiz umgetauft.

Und wer präsentiert einem heute *seinen* Zwinger und *seine* katholische Hofkirche regelmäßig mit geradezu bratapfelhaft glänzendem Stolz? Und *seine* Schätze im Grünen Gewölbe?

Ich verhalte mich da übrigens selbst nicht anders. Meine Vorfahren haben das schließlich erwirtschaftet. Aber nichts davon hat ein Dresdner geschaffen. Pöppelmann kam aus Westfalen, Permoser aus Bayern, Dinglinger, der große Juwelier, aus Schwaben, damals alles Ausland. Man könnte das durch die Kunstgattungen bis ins Heute deklinieren: Ohne die Fremden hätte Dresden nicht besonders viel Herausragendes zu bieten. Und »die da oben« sowie diejenigen, die in der Tat denken, dass sie was Besseres seien, die haben sich in dieser Stadt augenscheinlich schon manches Mal als die Garanten einer Internationalität erwiesen, von der am Ende bis heute alle profitieren.

XX

Einerseits, andererseits.

Einerseits hat schon früh rund um das Schloss die SPD die Mehrheit und lässt August Bebel durch den Wahlkreis Dresden-Altstadt in den Reichstag schicken. Andererseits sind auch antisemitische Parteien in der Stadt so erfolgreich wie kaum irgendwo sonst im Reich.

»Hurra-konservativ« seien die Dresdner, schrieb der eingangs schon einmal erwähnte Ernst-Wilhelm Lotz, der pathetische Lyriker aus Westpreußen, an seine Eltern, als er im Frühsommer 1914 hier lebte: »hurra-konservativ«, »indifferent-protestantisch« oder aber »neokatholisch«, »*Kunstwart*-Leser« und manchmal eben auch: »Antisemiten«.

Das hat allerdings weder ihn noch seinen Mitbewohner Ludwig Meidner, der jüdisch war, davon abgehalten, sich trotzdem der rauschhaften Stimmung in der Stadt hinzugeben.

Der *Kunstwart*, den Lotz da erwähnt, war eine Bildungsbürger-Zeitschrift, die von Ferdinand Avenarius, einem Berliner, in Blasewitz herausgegeben wurde, wo er auch den sogenannten Dürerbund ins Leben gerufen hatte: Alles Unternehmungen mit dem volkserzieherischen Impetus, der den Kulturkritikern so wichtig erschienen ist damals im saturierten, vor Prosperität brummenden Jahrhundertwendedeutschland, und von Dresden aus erzog es sich offenbar besonders gut. Julius Langbehn aus Nordschleswig hat *Rembrandt als Erzieher* in Dresden geschrieben, sein ultraantisemitisches, leider auch ultraeinflussreiches Großtraktat. Avenarius stand klar auf Langbehns Schultern, war aber in seinen Ressentiments gewählter. Avenarius war kein Antisemit, er zog lieber gegen Karl May zu Felde (Schund) und gegen industrielle Ramschwaren (Schund), begründete daher den Werkbund mit und machte Sylt zu dem, was es heute ist, indem er auf seiner Lieblingsinsel den Landschaftsschutz erfand. Avenarius war auch bei der Einrichtung der ersten deutschen Gartenstadt in Hellerau bei Dresden beteiligt, wo sich eine internationale Avantgarde die im Reformgeist gestalteten Klinken in die Hand gab, wo Kafka weilte und Benn und Le Corbusier und Paul Adler aus Prag, der allerdings den ebenfalls in Hellerau herumwirkenden Agitator Bruno Tanzmann als »Schmulchen Hakenkreuz« verhöhnte, weil dessen Physiognomie offenbar ein bisschen im Widerspruch stand zu dem völkischen Germanenkram, den er da oben auf den Hellerbergen so zusammenschrieb. Denn in der Lebensreformbewegung jener Jahre wurzeln das Moderne und das Reaktionäre denkbar eng beieinander, und kaum irgendwo scheint die Enge größer gewesen zu sein als im Elbtal.

Es gab hier prüdeste Prediger der Freikörperkultur wie Heinrich Pudor aus Loschwitz, einen wandelnden Namenswitz, der sich auch Heinrich Scham nannte, nacktbadend zum glühenden Antisemiten wurde, nach dem Krieg Gustav Stresemann wegen »verräterischer Außenpolitik« *pegida-style* mit dem Tode bedrohte und am Ende von den Nazis ins Gefängnis gesteckt wurde, nachdem er sie als besonders in der Judenfrage viel zu lasch beschimpft hatte.

Und es gab hier ganz und gar unprüde Praktiker der Freikörperkultur wie die Maler der Künstlergruppe Brücke, für deren Nacktgebade mit Modellen in Moritzburg der internationale Kunstmarkt heute noch dankbar ist.

Ein autoritärer Malnazi wie Richard Müller hat hier eingetragenen Kommunisten wie George Grosz und Otto Griebel das Zeichnen gelehrt. Otto Griebel, der Vater des Mannes mit dem Hochrad vor »Der Sozialismus siegt«-Leuchtreklame, war ein Kommunist, dem der heute viel berühmtere Otto Dix allerdings den Rat gegeben hat, die Welt in ihrer Kaputtheit lieber zu malen, als auf KPD-Versammlungen zu versuchen, sie zu ändern. Richard Müller wiederum war der Mann, der, als er 1933 zum Rektor gemacht wurde, in seiner ersten Amtshandlung Otto Dix von der Kunstakademie schmiss. Das war kurz bevor sie sich in Dresden freuten, die allererste Schandausstellung sogenannter entarteter Kunst im Deutschen Reich präsentieren zu können. Dix wiederum war der Maler, der in den Zwanzigerjahren das große gespenstische Porträt von Heinar Schilling geschaffen hat, dessen arthritische Finger mir bei den Besuchen in dem kleinen Freitaler Museum, wo es hängt, als Kind immer einen Schauder bescherten und das stille Verlangen, ein wenig an der Farbe herumzuknubbeln.

Otto Dix: Heinar Schilling

Schilling wiederum war als expressionistischer Dichter erst begeistert vom Krieg, dann von der Oktoberrevolution, dann vom Germanentum, dann von der NSDAP (als die allerdings dann an der Macht war, gab sich das ein bisschen), und wenn er es nach dem Krieg nicht als drogenkranker Produzent pornografischer Groschenromane in Westdeutschland mit dem Staatsanwalt zu tun bekommen hätte und kurz danach gestorben wäre: Dann würde er vermutlich heute gern den Montagsdemonstranten in seiner Heimatstadt mit pathetischen Gesängen zur Seite stehen.

Neulich sind sie mir alle erst in einem Katalog aus dem Los Angeles County Museum of Art wieder begegnet. Es gab dort eine große Ausstellung zur Kunst der »Neuen Sachlichkeit«, man hatte fast den Eindruck, die Hauptstadt der Weimarer Republik sei in Wahrheit Dresden gewesen. Otto Griebel, der malende Kommunist, hat diese Zeit in seinen Lebenserinnerungen, 1987 herausgegeben von seinem Sohn, wunderbar beschrieben. Es ist vielleicht das beste Buch über das Dresden zwischen den Kriegen, die Esperanto-Hochburg, die Stadt auf der Kippe, zwischen Sowjet-Sachsen und Reichswehr-Einmarsch, mit Leuten wie dem anarchistischen Agitator Otto Rühle, der uns den schönen und möglicherweise noch ganz brauchbaren Begriff von der »proletarischen Protestmännlichkeit« geschenkt hat, und wo ein paar Jahre später von euphorischen Studenten Bücher ins Feuer geschmissen wurden. Ich habe das Buch leider nicht mit nach Amerika genommen, deshalb kann ich nicht nachschauen, ob Griebel beim Anblick der Bücherverbrennung am 10. Mai 1933 (Festrede: Will Vesper) selbst denkt oder von einem Passanten hört, dass dieses Feuer einen großen Bogen machen und dann eines Tages zurückkehren werde. Aber ich weiß, dass er vor den Nazis, nachdem sie ihn eine Weile ins KZ gesteckt hatten, gewissermaßen in die Landschaft emigrierte, ins Dresdner Umland, das er nun genauso behandelte wie zuvor seine Proletarierfiguren, nämlich nicht kalt und aggressiv wie Dix, der wiederum währenddessen sein inneres Exil in den Landschaften des Bodensees gefunden hatte, sondern eher wie etwas Schutzbedürftiges, Bedrohtes. Denn diese Dresdner Umgebung wurde offenbar selbst unter solchen Bedingungen noch als zu herrlich empfunden, um sie kampflos denen zu überlassen, die allen angeblich vaterlands- oder wurzellosen Zeitgenossen das Anrecht darauf absprachen.

In Victor Klemperers Tagebucheintrag vom 27.7.1938 liest man Entsprechendes:

»Letzten Sonntag war Bautzen geplant: Hinter dem Weißen Hirsch, ein paar hundert Meter vor und tief unter der nächsten Tankstelle, versagt der Wagen. Dort langes Herumarbeiten. Danach flott. Reichliche zwei Stunden verloren, nur noch Spazierfahrt, Seitenwege auf Radeberg zu, über Heidemühle zurück. Immer wieder: die wunderschöne Landschaft bei Dresden. Aber die Ekelfiguren beim

Weißen Hirsch: ›Der Hirsch verjagt den Juden.‹ Und gerade hier die allerfreundlichste Hilfe, und jede Bezahlung abgelehnt.«

Wo immer man in die Geschichte dieser Stadt hineinliest, bestätigt sich eigentlich, was schon der Augenschein lehrt, wenn man dort entweder mit Herzlichkeit oder mit barscher Ablehnung geradezu überschüttet wird: Es gibt eine Tradition der Engherzigkeit und eine Sehnsucht nach Harmonie, die beide auf Ortsfremde, wie ich gemerkt habe, extrem wirken können.

Kann es sein, dass diese Stadt eine einzige Kippkarte ist?

XXI

Es war der Sommer 2015, als sich diese Dresdner Dichotomien mit den amerikanischen zu vermischen schienen, die ich beruflich zu beackern hatte.

Im Sommer 2015 wurden in den USA vor allem zwei Themen diskutiert. Das erste: Donald Trump strebt allen Ernstes die Präsidentschaft an, und halb Amerika schien, zumindest spaßeshalber, zu finden: »Endlich sagt mal einer, wie's ist.«

Trump galt mit seinen Ausfällen gegen Mexikaner, Moslems, Frauen, gegen das politische Establishment und eigentlich gegen alles und jeden als, tja: erfrischend, wie ein Narr oder ein Comedian. Seine Tiraden wirkten, hieß es selbst von Leuten, die ihn absolut unwählbar finden, befreiend. Weil sie sich komplett frei machten von allen Erwartungen, was man angeblich so alles nicht sagen könne oder dürfe. Trump kam also über Amerika wie ein erlösendes Gegengift zur Political Correctness, die nicht nur von Konservativen oft als ein lähmendes Sprechverbot empfunden wird, gegen welches das Recht auf freie Meinungsäußerung durch möglichst drastische Anwendung verteidigt werden müsse. Man sollte hinzufügen, dass das manchmal zu Vulgaritäten führt, denen, gerade bei Konservativen, früher der schiere Anstand im Weg gestanden hätte. Und dass dadurch wiederum der Schutz vor Beleidigungen, den das politisch korrekte Sprechen gewährleisten soll, an Plausibilität gewinnt.

Das andere Thema waren nämlich Studentengruppen, die an Amerikas Universitäten auf eine Radikalisierung solcher Redekonventionen drängen, die in den Neunzigern durchgesetzt wurden, um die Minderheiten vor diskriminierenden Äußerungen zu schützen. Da sich aber das, was als verletzend empfunden wird, offenbar immer seine Schleichwege sucht, während sich gleichzeitig die Empfindlichkeiten verfeinern, sollen die Sprachzäune nun so engmaschig werden, dass selbst linksliberalste Professoren inzwischen Beklemmungen äußern und Comedians die ehemals sehr comedyfreudigen Universitäten inzwischen lieber meiden, aus Angst, jemand könnte sich beleidigt fühlen oder auch nur stellvertretend das Gefühl haben, dass andere sich beleidigt fühlen könnten. Es ist die Angst vor moralischen Entrüstungskampagnen, die durch die Transformatorenwirkung des Internets beruflich und sozial verheerend wirken können.

Diese beiden Themen schienen Antworten aufeinander zu sein, kommunizierende Höllen: Die einen verlangten eine normative Sprache, die nach Möglichkeit Tatsachen schafft, so wie sie ihrer Meinung nach sein sollten. Die anderen dürsteten nach einer Sprache, die den Tatsachen entspricht, so wie sie deren Ansicht nach nun einmal sind.

Im Amerikanischen kündigt man solche Anfälle von Klartext ironisch an: »pardon my French«. Bei uns hieße das: »auf deutsch gesagt«. Im Sinne von: nicht französelnd zivilisiert, sondern volkssprachlich derb, was ja Ernst Moritz Arndt zufolge eine ganz eigene Kraft und Schönheit habe.

Es begab sich nun aber zu der Zeit, als ich mich mit dem Feinjustieren der Sprachventile an den Eliteuniversitäten Amerikas zu befassen hatte, dass sich mit rohrbruchhafter Heftigkeit ein anderes Ventil öffnete, und das befand sich ganz woanders, auch deutlich weiter unten: vor einem Baumarkt, der Flüchtlingsunterkunft werden sollte, in Heidenau bei Dresden in Sachsen.

»Merkel … du Fotze … S'klatscht glei …«

Dieser offensichtlich geradezu erleichternd aus einer unbekannten Anwohnerin herausgewütet kommende Verwünschungsdurchfall wider die Bundeskanzlerin ist um die Welt gegangen, so wie spontane Hinreißungen dank Smartphones heute generell schnell um die Welt gehen, Kanzlerinnen-Selfies genauso wie Kanzlerinnen-Beschimpfungen.

Mich ließ dieses enthemmte Ultrasächsisch an den aggressiven Provinzialismus jener Leute denken, die in den USA als Rednecks bezeichnet werden, konservatives weißes Landproletariat, dem die Sonne den Nacken verbrannt hat, das republikanisch wählt, manchmal Bürgerwehren bildet, die an der Grenze zu Mexiko illegale Immigranten jagen, und manchmal auch einfach nur ihre Pickup-Trucks mit extra rußigen Kohleöfen ausrüstet, um japanische Kleinwagen mit Obama-Aufklebern am Heck zum Spaß ein wenig einzunebeln.

Das adäquate Bild zur Tonspur stammte nicht vom selben Ereignis, aber von einem ähnlichen, als es bei Protesten gegen die Asylbewerberheime in Freital zu Tumulten gekommen war, aber es ging auch um die Welt.

Proteste in Freital

Die Bilder in den Museen gleichen in Dresden oft dem, was man dort auch in der Wirklichkeit zu sehen bekommt, hatte ich eingangs behauptet, und das Leben wiederum stellt die Bilder nach. Woran erinnerte mich diese feiernde Randale-Meute? Irgendwas von Rubens aus der Gemäldegalerie Alte Meister, etwas mit Silen und seinem trunkenen Gefolge?

Der beleibte junge Mann in der Bildmitte ist der Schlüssel, seiner Tätowierung zufolge kommt er aus einem Dorf im Dresdner Umland, und er dürfte alt genug sein, um in den Achtzigern Wolfgang Mattheuers »Der übermütige Sisyphos und die Seinen« (1976) in der Gemäldegalerie Neue Meister gesehen zu haben. Das Bild wurde auch in der Schule behandelt, glaube ich.

Wolfgang Mattheuer:
Der übermütige Sisyphos und die Seinen

Sisyphos hat seine Aufgabe satt und tritt den Stein mit Gejohle den Hang hinunter. Hierbei darf man ihn sich wirklich mal als subjektiv glücklichen Menschen vorstellen.

Es ist ein bisschen wie mit dem Sozialismus, der

in Dresden nicht siegt, sondern siecht und schließlich abmontiert wird. Und wie mit der Absage an den Heiligen Gral, nach dem die alten Männer in den »Rittern der Tafelrunde« so stur suchen.

Die Nein-zum-Heim-Party von Freital im Sommer 2015 ist gewissermaßen die vulgäre Parodie auf all das. Nicht nur Utopieverzicht, sondern feixende Solidaritätsverweigerung, und ein fröhliches »Fuck you« in Richtung von Angela Merkel mit ihrer zweckoptimistischen Verordnung »Wir schaffen das«.

An welche amerikanische Karikatur aus dem Zweiten Weltkrieg dagegen die junge Frau im Vordergrund erinnert, habe ich nicht herausbekommen. Ein Bekannter meinte: Mal bei Tex Avery nachschauen. Ist aber auch egal.

Die Bilder und Töne aus den Dresdner Nachbarstädten Freital und vor allem Heidenau wirken gerade aus der Distanz wie Impulsgeber zu fast allem, was folgte.

Davor hatte es Heidenau das letzte Mal am 16. Mai 1930 zu einer Erwähnung in der *New York Times* gebracht (eine kleine Meldung über eine Massenschlägerei zwischen Kommunisten und

Faschisten), jetzt wurde der Ort zum Triggerpunkt einer sprachlichen Entsicherung auch auf Seiten der Berufspolitiker, die nun offensichtlich glaubten, die Samthandschuhe ausziehen zu müssen, etwa wenn der Vorsitzende der SPD diese Leute, immerhin einstmals sein natürliches Wählerpotential, mit dem derb gemeinten, gleichzeitig aber sonderbar antiquitätenhaften Wort »Pack« bedachte.

Die Aneignung der Beschimpfung durch die, die sich gemeint fühlten, und sich nun »Wir sind das Pack« auf die Plakate schrieben, erinnerte wiederum an die Strategie, mit der inkriminierte Bevölkerungsgruppen in den USA mit abwertenden Benennungen umgingen, bevor die Political Correctness erfunden wurde, »Nigger« ist nur das berühmteste Beispiel.

XXII

Politically Incorrect stand, als ich das letzte Mal an einer vorbeikam, auch an der Bühne einer der Pegida-Kundgebungen in Dresden. Soweit ich weiß, ist das der Name eines Online-Magazins, das, wie es dort vermutlich heißt, Klartext spricht.

Es war Anfang September, herrliches Wetter, ich war mal wieder zu Gast in der Stadt und hatte eine Lesung am Neumarkt zu absolvieren. Während ich da von den Demonstrationen im Herbst 89 las, drang von draußen, wie in einer historischen Zeitschleife, dunkel bollernd der Ruf, sie seien das Volk.

Er schien nur im Ergebnis diesmal weniger für repräsentative Breite zu stehen, als für eine Standesangabe in der sozialen Stratosphäre: Wo wir sind, ist unten. Ochlokratie. Die Herrschaft des Pöbels. Und hatten sie nicht absolut recht? Hatten nicht alle absolut recht? Die, die »Wir sind das Volk« riefen, und genauso auch die, die meinten, das da sei vielmehr ein Mob? *Mobile vulgus*, da kommt das Wort ja her, ist in gewisser Weise sogar noch präziser, weil es das Moment der Bewegung, hier den sogenannten Abendspaziergang, mit benennt. Und wurden nicht exakt so, als Mob, zunächst auch diejenigen bezeichnet, die 1989 »Wir sind das Volk« gerufen haben, als auf der Prager Straße die Polizei anrückte und hinter den Scheiben der Großgaststätte »International« die saturierteren Dresdner und die Touristen indigniert und erschrocken über ihrem Essen saßen? Ich weiß das, weil ich damals auf der anderen Seite gestanden hatte, eben beim Mob, der damals übrigens ganz ähnlich aussah, nur ein bisschen mehr gesprenkelt mit langbärtigen Bürgerrechtler-Typen vielleicht und Jugendlichen wie mir.

Jetzt stand ich hinter der Scheibe und schaute zusammen mit der restlichen Bevölkerung und den Touristen da raus, auf das Wir-sind-das-Volk-Volk wie auf ein unangenehmes Wetter, von dem man hofft, dass es bald vorbei ist, abläuft, in den Gullys verschwindet. Hochmut? Was soll man sagen.

Es war schon mitzubekommen, dass da nicht zuletzt gegen Leute protestiert wurde, die Heimat, einem weiteren bösen Wort von Martin Walser folgend, nur als süßes Synonym für Zurückgebliebenheit zu betrachten scheinen. Und gegen Leute, die ihre privaten Lebenszufälle, ihre (oft genug von der Allgemeinheit mitfinanzierten) Auslandserfahrungen und ihren Geschmack für normativ halten. Gegen Leute also, die weder einen Stammbaum noch Geld noch besonders viel Einfluss haben müssen, um für heute das darzustellen, was zu Ernst Moritz Arndts Zeiten noch der Adel war mit seinem Französisch, seinen spitzen Fingern und überreizten Nerven.

Leute wie ich waren da gemeint, auch wenn ich die Vorwürfe von mir weisen würde. Aber dann waren da eben auch noch all die anderen, die aus Überzeugung Dagebliebenen, die Dresden-Liebhaber, die einem immer wieder mal ungefragt und aus reiner Begeisterung ein Foto von den Elbwiesen oder dem Zwinger schicken, und trotzdem eher pikiert auf den Pulk mit seinen Fahnen blickten.

Wenn da draußen eine halbwegs seriöse Oppositionspartei gegen die Linie der Bundesregierung protestiert hätte, wären viele sicher gerne mitgegangen; so aber, erklärte einer, der, glaube ich, FDP wählen würde, wenn es die noch gäbe, sei es ihm direkt unangenehm, montagabends in der Innenstadt gesehen zu werden.

Diese Pegidisten kamen nun einmal zum großen Teil so regelmäßig vom Land her angefahren wie die Bauern am Markttag. Man vernahm ein Sächsisch, das klang wie in den Parodien des Komikers Olaf Schubert auf exakt solche Leute (»Der Hidlor wird jetzt so in de reschde Ecke gestellt.« »Selbst der!«). Man hörte westdeutsche Lautsprecher, die man vor fünfundzwanzig Jahren hier als Glücksritter ausgebuht hätte, und die Ahnung, dass diese meckernde Menge da am Ende tatsächlich auf irgendeine sehr tiefgreifende Weise das Land verändern könnte und das eigene Leben, das machte sie nicht geheurer.

Was für eine tragische Bewegung: In der Selbstwahrnehmung eine Kassandra, die immer schon klarer gesehen haben will als der Rest, und für alle anderen hatte sich dieser relativ kleine Haufen zu einem Popanz aufgeblasen, der die Sicht auf das Problem, das er ausgemacht haben wollte, weitgehend mit sich selbst verstellte; das beleidigte Gebrüll dieser Leute hatte den Dschihadismus in den persönlichen Bedrohungs-Charts der meisten Deutschen, auch in Dresden, zuverlässig auf die Plätze verwiesen.

Und das war der Montag nach dem Wochenende, an dem Angela Merkel ihren Frauenkirch-Moment gehabt hatte, mit den Tausenden im Bahnhof von Budapest. Es war nach dem Wochenende, an dem das Fernsehen wieder und wieder Bilder gezeigt hatte, in denen ein Teil der Deutschen Menschen in Not erkannte, ein anderer aber eine Invasion. Und ein dritter Teil womöglich beides auf einmal, die schwindelerregendste Variante.

Es war der Montag nach dem Wochenende, von dem viele heute sagen, dass es Europa irreversibel verändert hat.

Was, wenn bei Merkels Entscheidung auch die Bilder von hier eine Rolle gespielt haben, die Bilder von den Protesten in Meißen, Freital, Heidenau; die Bilder von Dresden am Montag? Was, wenn auch die, vorsichtig gesagt, umstrittene Entscheidung, danach alle Tore weit offen zu lassen, damit zu tun hätte? Was vor allem, wenn diejenigen, die damals mit Blumen und Plüschtieren an den Bahnhöfen standen, auch deswegen so euphorisch Willkommen gerufen haben, weil sie gleichzeitig so laut wie möglich Tschüss sagen wollten, nämlich zu den Bildern aus Dresden und Umgebung? Dieses klassische deutsche Augusterlebnis im September, mit Blumen am Bahnhof und in der euphorischen Gewissheit, das moralisch Richtige zu tun, als Antwort auf eine klassische deutsche Novemberpogromstimmung im August, die amoralischen Exzesse vom Südrand der Stadt Dresden? Wenn die Furcht selbst vor realen Bedrohungen durch Terroristen unter den Fremden komplett neutralisiert wurde von dem Abscheu davor, die sächselnden Meuten von Freital und Heidenau als das Eigene, die eigenen Leute, wahrzunehmen.

Was also, wenn der tiefe Riss durch Dresden sich inzwischen im ganzen Land abbildete – spätestens seit sich die Bilder der Übergriffe von Köln darübergelegt haben und sich in der ganzen Bundesrepublik die Ränder anbrüllen und die Mitte hin- und hergerissen ist.

Was dann?

Dann hieße das, dass Dresden zum ersten Mal seit langer, langer Zeit wieder eine Rolle gespielt hat, und dann gleich auf europäischer Ebene, und dass ausgerechnet diese Stadt zur Abwechslung einmal Avantgarde war und schon ein Jahr vorher dort, wo heute der Rest von Deutschland ist.

Es hieße, dass Dresden als die eigentliche Hauptstadt eines Landes dastünde, das heute tatsächlich eher sächsisch wirkt als preußisch: geschrumpft und militärisch harmlos, dafür fleißig, gefallsüchtig und ein bisschen streberhaft und hysterisch gekränkt, wenn die anderen den Applaus verweigern, und manchmal auch mit dem aggressiv grummelnden Gefühl, dass die Gutmütigkeit ausgenutzt werden könnte. (Und so wie Sachsen in der Bundesrepublik nimmt sich diese selbst zur Zeit in Europa aus, nur aus umgekehrten Gründen; so erscheint das jedenfalls, wenn man mit dem Abstand eines Ozeans draufschaut.)

Es wäre die Erfüllung der ganz am Anfang erwähnten Gedankenspiele aus dem Roman von Karl Mickel, nur in ihrer tragischstmöglichen Variante.

XXIII

Es ist jetzt oft von Weimarer Verhältnissen die Rede deswegen, und in der Tat wirkt Dresden, wirkt die ganze Bundesrepublik, aus der Ferne im Augenblick wie ein Themenpark Geschichte, in dem Schulklassen Eintritt zahlen müssten, weil drinnen vorgeführt wird, wie es damals »dazu« kam. Aber außer dem apokalyptischen Schauder fügt das der Debatte vermutlich nicht viel Konstruktives bei.

Schwer zu sagen, ob es ermutigender ist, wenn ich hier mitteile, dass sich diese neuen deutschen Verhältnisse genauso gut auch in den amerikanischen spiegeln, wo der Riss schon länger durch die Gesellschaft geht. Wo der Hass auf das politische Establishment schon zum Wahlkampfstandard gehört. Wo manche die Tage zählen, bis die Weißen unter den Amerikanern zur Minderheit geworden sein werden (den Demographen zufolge ab 2048), und wo die republikanischen Präsidentschaftsanwärter im Fernsehen so detailliert über den Ausbau der Mauer zu Mexiko nach Berliner Vorbild diskutieren, dass der eine (Donald Trump) die Kosten von der Seite tragen lassen will, aus der die, die über die Grenze wollen, kommen, während ein anderer (Ben Carson) weiß, dass man im Grunde zwei Mauern braucht, damit dazwischen noch das Militär patrouillieren kann.

Amerika also, wo dementsprechend die Reaktionen auf die deutsche Einwanderungspolitik von verblüfftem Lob für die Großzügigkeit und die sogenannte Willkommenskultur über den Vorwurf von Naivität und moralischer Eitelkeit bis zu offenem Entsetzen, auch aus Angst um die Stabilität der Europäischen Union, reichen. (Nach einer Studie, die der German Marshall Fund Anfang April 2016 in Washington vorgestellt hat, glauben 52% der befragten Amerikaner, dass Deutschland durch die Zuwanderung aus dem Nahen Osten unsicherer geworden sei.) Man muss allerdings hinzufügen, dass sich sämtliche Seiten in dieser Frage so interessiert zurücklehnen wie bei einem Footballmatch, auch Merkels Sympathisanten.

Helfen, etwas von der Last abnehmen, kommt hier keinem in den Sinn. Von den vier Millionen Syrern, die der Krieg vertrieben hat, hatten die USA bis zum 20. Januar 2016 ganze 2647 aufgenommen. Quelle: *New York Times*. 0,06 Prozent.

Und nicht wenige Gegenden weigern sich aus Sicherheitsgründen, überhaupt Muslime aufzunehmen.

Ein bisschen schwach für das größte Einwanderungsland der Welt, das noch dazu den Mittleren Osten erst in das Chaos wesentlich mit hineingetrieben hat?

Aber *Immigration* heißt in den USA tatsächlich das genaue Gegenteil von offenen Grenzen. *Immigration* heißt auch im ultraliberalen New York zunächst mal Passkontrolle, Personalienaufnahme, Fingerabdrücke, Fragen, was man so vorhabe im Land.

Wer jetzt bei den Herausforderungen für Deutschland immer auf das Vorbild des Einwanderungslandes USA verweist, muss wissen, dass die Antworten von hier auch ziemlich unsentimental ausfallen können.

Die Geschichte der Immigration in den USA ist ein weites Feld, aber soweit ich es überblicken kann, sind da nirgends Zustände zu erkennen, die an einen ökumenischen Kirchentag erinnern würden. Nicht mal an der Freiheitsstatue. Da steht zwar »Gebt mir Eure Müden, eure Armen … den elenden Unrat Eurer gedrängten Küsten«, aber das verhielt sich zu den tatsächlichen Gegebenheiten, soweit ich weiß, schon damals eher wie das Pathos von Hollywood zur Nüchternheit des *Wall Street Journal*. Es ist schon immer wieder beeindruckend, wie stark Sonntagsreden und Montag-bis-Samstag-Praxis in Amerika kontrastieren können – aber vermutlich eben doch in einer am Ende ganz listigen Dialektik aufeinander bezogen bleiben.

Wenn Deutschland ein Einwanderungsland sein will, wäre es, so gesehen, vielleicht irgendwann an der Zeit, sich gesellschaftlich darüber zu verständigen, was die Floskeln, die jetzt immer aufgesagt werden, eigentlich heißen sollen: Integration, Buntheit, »klar sein muss jedoch auch, dass unsere Werte …« und so weiter. Es wäre vielleicht hilfreich, wenn alle wirklich wüssten, wovon konkret die Rede ist. Geht es um kulturelle Ghettos oder Bindestrich-Deutsche? Bei den Amerikanern gibt es auch beides, *hyphenated Americans* und sehr auf ihrer Eigenständigkeit beharrende *Communities*. Es gibt das Modell Schmelztiegel, und es gibt das Modell Salatschüssel, und das ist eben nicht das Gleiche, so wie es nicht das Gleiche ist, ob man das Geld zum Leben aus Steuermitteln zugeteilt bekommt oder ob man es sich verdienen muss. Allerdings kann man das in den USA auch.

XXIV

Immigration heißt in den USA also Kontrolle, und Integration heißt als Allerersterstes: Taxi.

Wer nach einem Achtstundenflug aus Europa in New York gelandet ist und die Passkontrolle hinter sich hat, darf sich auf mindestens noch eine Stunde in einem Yellow Cab gefasst machen und nicht selten auf einen Fahrer, der sich in der Stadt nicht besonders gut auskennt, weil er auch gerade erst eingewandert ist; New Yorker haben da Nachsicht, sie wissen, dass ihre Taxis in erster Linie Erstaufnahmestationen sind und erst in zweiter Transportmittel. Armin Mueller-Stahl hat in Jim Jarmuschs Film »Night on Earth« den Taxifahrerimmigranten New Yorks ein Denkmal gesetzt: als geschwätziger Helmut Grokenberger »from the town of Dresden in Eastern Germany«. (Es ist der drittberühmteste Taxifahrer der jüngeren amerikanischen Kulturgeschichte, die anderen sind Robert de Niro als der Kriegsheimkehrer Travis Bickle in »Taxi Driver« und ein Mann namens Gerhard Müller aus Kurt Vonneguts »Schlachthaus 5«, wiederum ein Dresdner.) Ich habe mich in verschiedenen Städten der USA von geflohenen irakischen Christen fahren lassen, von einem ehemaligen Nachbarn somalischer Piraten, und von Opfern fast aller Bürgerkriege Mittel- und Südamerikas. Leider ist es im Journalismus verpönt, Taxifahrer zu zitieren. Dabei könnte man daraus eine Art »Auslandsjournal« machen. Wenn konservative Wut mal wirklich produktiv sein wollte, sollte sie sich vielleicht rechtzeitig gegen die Legalisierung von fahrerlosen Autos stemmen: Eines der ganz großen und klassischen Felder, Immigranten in Arbeit und mit den Einheimischen in wenigstens eine Minimalform von Kontakt zu bringen, droht hier nämlich als Erstes verloren zu gehen.

Einer der etwas ortskundigeren Taxifahrer war es auch, der mir auf dem Eastern Parkway in Brooklyn gezeigt hat, wo man ein bisschen auf sein Tempo achten muss, weil da schon seit dreißig Jahren die Polizeiautos Tag und Nacht auf der Lauer liegen. Damit hatten sie ursprünglich angefangen, als ultraorthodoxe Juden dort dauernd mit den Schwarzen aus der Karibik aneinandergerieten. Seit beide Seiten aber gelernt haben, einfach aneinander vorbeizuleben, haben die Cops viel Zeit, auf den Verkehr zu achten.

Aneinander vorbeileben, genauer: ruppig aneinander vorbeileben, ist vielleicht nicht ganz exakt das, was einem gewöhnlich als Ideal des multikulturellen Miteinanders gepredigt wird, aber es funktioniert wenigstens halbwegs. In den USA wird keiner angehalten, sich von Neuankömmlingen bereichert zu fühlen. Man ist nur vom Gesetz, von den gesellschaftlichen Konventionen und schlicht von der Lebenspraxis her verpflichtet, sie in Ruhe zu lassen. Es gibt hier keine Welcome-Partys mit Ringeltänzen, dafür fliegen hier aber auch deutlich weniger Molotowcocktails durch die Fenster. Ich muss zugeben, dass ich beides ganz angenehm finde.

XXV

Dieses Titelbild des *New Yorker* aus dem Jahr 2007 gibt tatsächlich fast einen realistischen Blick in eine beliebige Brooklyner U-Bahn wieder. Ganz realistisch wäre es, wenn dazwischen noch eine ultraorthodoxe Jüdin mit Perücke sitzen würde, die murmelnd in der Schrift liest und, sagen wir, eine schwarze Transgender-Aktivistin, die sich als Mann

Anita Kunz: The New Yorker

identifiziert und zum Beweis breitbeinig im Schritt herumknetet.

Wie wahrscheinlich ist es, dass die alle sich gegenseitig mögen oder gar bereichernd finden?

Gegenfrage: Wie notwendig wäre das überhaupt?

Die müssen für die Dauer der Fahrt klarkommen. Sich um den Hals zu fallen würde die Sache genauso behindern, wie sich an die Gurgel zu gehen. Das ist das Gesetz der U-Bahn in Brooklyn. Das ist das Gesetz von Brooklyn generell, und eine eher unnachsichtige Polizei wacht recht resolut darüber.

Das heißt nicht, dass es nicht trotzdem dauernd knirschen und knacken würde. Hat es immer. Man sieht, wie die Einwanderung aller Schübe das Land am Ende stärker, reicher, klüger und schöner gemacht hat. Man sieht aber auch die Friktionen oder wenigstens die Narben davon. Allein Brooklyn ist ein einziges historisches Schlachtfeld von verbissenen Territorialkämpfen zwischen Italienern, Iren, Juden, Lateinamerikanern, Schwarzen und Asiaten, und zuletzt kamen auch noch die weißen vollbärtigen Vegetarier mit *organic* angelsächsischem Protestantenhintergrund in Massachussetts oder Maine hinzu; Leute, die »in finance« oder »fashion« arbeiten, obwohl sie sich das Aussehen von Holzfällern geben, und zwei, drei Millionen schon aufbringen können für das Reihenhäuschen in der Straße, wo man solchen wie ihnen vor fünfzehn Jahren noch nahegelegt hätte, nicht ein zweites Mal aufzutauchen.

The Clash of Civilizations – Samuel Huntingtons berühmt gewordenen Thesen vom Rückzug des weißen Amerikas zum Trotz: In Brooklyn marschiert es im Kampf der Kulturen eher voran. Der Immobilienmarkt hat dort die roheren Formen der Gewalt ersetzt. Und es fehlt selbst in Amerika auch nicht an denen, für die das enge New Yorker Nebeneinander denkbar verschiedenster Lebenskulturen der reine Horror ist. John Rocker, Baseball-Pitcher aus Georgia und Abziehbild der weißen, breitkiefrigen Sportskanone vom Lande, hat einmal verkündet, er würde lieber aufhören, als zu den New York Mets zu wechseln, wo er dann in solchen U-Bahnen fahren müsste.

Das Mantra von der *diversity*, der ethnischen Vielfalt, ist selbst in den USA immer eher eine Richtungsangabe oder eine Behauptung als eine Zustandsbeschreibung, ähnlich wie »Wir schaffen das«.

Den Amerikanern hat vieles in dieser Hinsicht schon zu schaffen gemacht. Die sind wesentlich weiter. Die gesellschaftliche Spaltung, über die man sich im harmoniesüchtigen Deutschland gerade verwundert die Augen reibt, gibt es hier schon etwas länger. Es ist nicht mehr auszuschließen, dass der nächste Präsident Donald Trump heißen wird, ein Mann, der schlicht gar keine Muslime mehr ins Land lassen will aus Sicherheitsgründen. Und es ist das Land, in dem der linke Bürgermeister von New York jetzt einen islamischen Feiertag verordnet hat, damit die Muslime in New York auch einen haben. Das sind zwei Prozent der Stadtbevölkerung.

Haben sich alle anderen darüber gefreut?

Die Begeisterung hält sich natürlich in Grenzen, wenn man sein Kind nicht zur Schule geben kann, selber aber trotzdem arbeiten gehen muss.

Aber wurde ein Drama daraus gemacht? Überwiegend auch nicht.

Das Einzige, was sie am Ende wirklich noch zusammenhält, die rabiaten Rednecks in den Südstaaten und die Jakobiner der *political correctness* an den Universitäten, die Trump-Fans und die Bernie-Sanders-Jugend, die Hillary-Hasser und die Dannzurnotebendochhillarywähler, die *one percent* der Superreichen und das eine Prozent der Bevölkerung, das zu Allah betet statt zum lieben Gott der zig verschiedenen christlichen Kirchen oder zu Jahve oder zu Steve Jobs oder dem Dollar oder dem Satan (die Church of Satan hat ihren Sitz ein Stückchen nördlich von New York), was diese Menschen also alle am Ende eint: Das ist tatsächlich der ökumenische Heimreiseverkehr zu Thanksgiving im November, die große, für Ausländer immer etwas mysteriöse Freude am trockenen Truthahn, das Fest der ersten Ernte durch die Pilgerväter, nachdem ihnen die Ureinwohner noch über den ersten Winter helfen mussten.

Aber auch da muss man der Ehrlichkeit halber die Ausnahmen nennen. In den Indianer-Reservaten, heißt es, tun sich an dem Tag manche etwas schwerer mit dem Feiern.

Es gibt schwarze Aktivisten, die zu Thanksgiving nicht das Fußfassen der Europäer feiern wollen. Und als 2013 beim Boston Marathon zwei Bomben gelegt wurden, merkte man auch Amerikas Liberalen die tiefe Verunsicherung darüber an, dass der letztlich in Thanksgiving wurzelnde

Glaube an den amerikanischen Traum von der Machbarkeit des Glücks in diesem Land bei den beiden jungen tschetschenischen Attentätern offenbar keine Rolle mehr gespielt hatte: Es war, als ob dem Gemäuer der Mörtel abhandengekommen wäre.

XXVI

Wer die USA als Vorbild für ein Einwanderungsland heranzieht, sollte zumindest auf dem Schirm haben, dass er damit in Deutschland immer auch denen ein denkbar apokalyptisches Argument liefert, die die Verdrängung der Autochthonen zu ihrem Thema gemacht haben. Im Schatten der Flüchtlingskrise sind diese Stimmen ja wieder vernehmlicher geworden, die Nationalkonservativen, die Neue Rechte, die Neo-Völkischen und Carl Schmittchens Schleicher. Wenn ich so einer wäre, so einer mit Spenglers *Untergang des Abendlandes* auf dem Nachttisch und dem Magazin *Compact* auf dem Klo, dann würde ich mich vermutlich am ehesten mit den amerikanischen Ureinwohnern identifizieren. In dem Fall würde ich mir sogar förmlich den Cord von der Hose rubbeln vor Begeisterung über die Figur des »Indianers« und einen zackigen, schonungslosen Traktat vom heroischen Untergang des apoplektischen Deutschen, also vor Wut ebenfalls mehr oder weniger rothäutigen Mannes, verfassen. Ich würde, so oft es geht, Wörter wie »freilich« und »reiflich« einstreuen, und was man halt so schreibt, wenn man nach Moll klingen will und kalt ins Auge gefasster Katastrophe. Vor allem würde ich dann vermutlich auch Dresden in mein Herz schließen, wo immerhin die Bonbons mundartlich Mohler heißen, so wie der Schriftführer der »Konservativen Revolution«, wo die Leute außerdem dem slawischen Stadtnamen nach Waldbewohner sind und dadurch, dass Montag für Montag zwei Prozent von ihnen Nein sagen zum System und dabei auch noch spazieren gehen, praktisch wöchentlich Ernst Jüngers Buch vom *Waldgang* in Szene setzen. Und wo vor allem das Epizentrum der deutschen Indianerromantik liegt – das Karl-May-Museum in Radebeul.

Wer in der Region aufgewachsen ist, weiß, dass man dort bei Spaziergängen durch die Wälder am Hang immer damit rechnen musste, dass einem erwachsene Männer mit Federschmuck und Kriegsbeil über den Weg rennen. Oder mit Cowboyhut und Pistole, und zwar nicht nur zu Fasching.

Es gibt ein wunderbares kleines Buch über den sonderbaren Hang zum Indianerspielen in der

DDR, *Sozialistische Cowboys: Der Wilde Westen Ostdeutschlands* von Friedrich von Borries und Jens-Uwe Fischer. Da erzählen Veteranen der Bewegung, wie sie im Vereinsheim »Old Manitou« von einer Gruppe aus Taucha überfallen wurden, die dort mit selbst gebastelter Munition das Dach in Flammen schossen: Ein Fall für die Abteilung Erlaubniswesen der Volkspolizei und ein Anlass, die sogenannte Indianistik ideologisch ein bisschen auf Kurs zu bringen.

Am Ende gab es einen Zentralen Arbeitskreis der Indianistikgruppen in der DDR (ZAK), damit alles seinen sozialistischen Gang geht oder zumindest so ausschaut. Denn in der Szene verbargen sich nicht nur stramme Sozialisten, die schon aus antiimperialistischer Solidarität zu den Indianern hielten, sondern auch ziemlich viele Freaks und Aussteiger, denen es zum Beispiel auf ein bisschen Reiten, Jagen und Leben in der freien Natur ankam, ohne deswegen Probleme zu bekommen. Gegründet worden war der erste Indianerklub der DDR 1956 in Radebeul von einem nostalgischen Wehrmachtsveteranen, der tagsüber als Drogist arbeitete und sich abends »Häuptling Powder Face« nannte.

Der Mann wollte offensichtlich mit alten Kameraden den Abenteuergeist des Frontlebens irgendwie ins Zivildasein verlängern. Leute, die politisch in diese Richtung tendierten, zogen sich später allerdings häufiger keine Indianerkostüme an, sondern Reichsbahner-Jacken, die, mit der Konföderierten-Flagge versehen, Uniformen der Südstaaten im Bürgerkrieg darstellen sollten, ganz einfach als versteckte Geste der Fundamentalopposition zum System. Es kann sein, dass so ein südstaatenartiges Trotzbewusstsein gegenüber dem liberalen Norden (bzw. Westen) bei manchen hier auch heute noch eine Rolle spielt.

In den USA würde natürlich nichts davon auf große Gegenliebe stoßen, schon gar nicht bei denen, die nur höchst ungern Indianer genannt werden wollen, und wann immer ein amerikanischer Journalist auf das Reich der Indianerromantik kurz vor Dresden trifft, herrscht eine eher betretene Art der Verwunderung. Es ist schon eine sehr exklusiv deutsche Affäre.

An dem einzigen »Native American«, den ich persönlich näher kenne, hätten die Indianistiker aus Radebeul sicher nicht viel Freude; der betreibt in

New York einen Versand für Biohundefutter, spielt Gitarre in einer Metalcore-Band und hat von Karl May noch nie gehört, dafür aber von den Übergriffen zu Silvester in Köln. Was da mit der deutschen Polizei los gewesen sei, wollte er von mir wissen. Und was mit den deutschen Männern.

XXVII

Und was ist eigentlich mit den Deutschen, die anders als Karl May wirklich nach Amerika gegangen waren?

Die waren einmal die größte Einwanderergruppe von allen, und es war nicht die unbeliebteste. Die Deutschen, sagen die Quellen, hatten immer als fleißig gegolten, wenn auch als erstaunlich gefräßig, und ihre hässliche Blasmusik störte den angelsächsischen Sonntag, aber bis zum Ersten Weltkrieg wurde durchaus Deutsch gesprochen in Amerika, nicht zuletzt in New York. Es heißt, New York war früher einmal die drittgrößte deutschsprachige Stadt nach Berlin und Wien. 3,4 Millionen Deutsche lebten dort. Geblieben sind ein paar Inschriften. »Einigkeit macht stark« (am Haus des Deutsch-Amerikanischen Schützenvereins im East Village). Oder »Waldorf Astoria« (am Hotel Waldorf-Astoria«, denn Herr Astor war aus Walldorf bei Karlsruhe). Geblieben von den Deutschen ist so gut wie jeder zweite Familienname in den USA.

Immer noch vergleichsweise starke »German Departments« an den Universitäten von Ann Arbor in Michigan oder Madison in Wisconsin, wo einst die Norddeutschen eine neue Heimat fanden, die genauso flach und weit aussah wie die alte. Und es gibt eine German Coast am Unterlauf des Mississippi, wo Rheinländer und Süddeutsche siedelten. Die Sklavenplantage, auf der wesentliche Teile des Films »Django Unchained« gedreht wurden, hatte mal einer Familie Haydel gehört, die aus der Gegend um Würzburg stammte. Es gab auch auf der Seite der Sklavereibefürworter Deutsche, mehr und einflussreichere befanden sich allerdings unter den Gegnern; viele waren ja gescheiterte Revolutionäre, die nach 1848 hatten fliehen müssen. In Missouri sind sie dieser Art von Deutschen heute noch dankbar, dass die das zunächst wankelmütige Land rechtzeitig noch ins später siegreiche Lager zerrten.

Dort, in Missouri, wo Mitte des 19. Jahrhunderts die meistgelesene Zeitung noch *Anzeiger des Westens* hieß, hat sich sogar ein spezifisch Dresdnerisches Erbe erhalten – im Traditionalismus der dortigen Protestanten. Das liegt an dem böhmischen Exulantenpastor Martin Stephan, dem die eigentlich konkurrenzlos konservative Sächsische Landeskirche nach einem Minireförmchen nicht mehr konservativ genug war und der deshalb mit seinen Anhängern 1839 an den Mississippi umzog, wo er allerdings schnell die üblichen Guru-Allüren entwickelt haben soll – autoritäres Gebaren, Bereicherung, Vielweiberei – und zur Strafe schließlich in der Wildnis ausgesetzt wurde.

Wüste Geschichte. Aber niemand kann sie einem dort noch auf Deutsch erzählen.

Dass sich das Deutsche als Sprache erhalten hätte in einer kohärenten Community wie bei so vielen anderen: Ist mir bisher nirgends begegnet. Nicht einmal in der deutschsprachigen Evangelisch-Lutherischen Kirche in Brooklyn. Deren Pfarrer spricht zwar Deutsch, aber als Fremdsprache; der Mann kommt aus Johannesburg in Südafrika. Ein paar betagte Damen hörten sich die deutsche Predigt an, sangen die deutschen Kirchenlieder, beteten das deutsche Vaterunser – und sprachen beim Hinausgehen wieder Englisch miteinander.

Was war da passiert?

Zwei Dinge liest man immer wieder.

Erstens: Die antideutsche Stimmung durch den

Ersten Weltkrieg. Als die USA in den Krieg eintraten, wurden die Deutschen schlichtweg gezwungen, sich rückhaltlos zu ihrem neuen Land zu bekennen; es kam schließlich damals in Amerika noch dauernd zu Pogromen und Lynchjustiz. Damals hat auch die Familie von Donald Trump, die aus Kallstadt in der Pfalz stammt, ihre Wurzeln gekappt. Trump hat später mitunter behauptet, seine Familie stamme aus Schweden. In manchen Staaten wurde Deutsch verboten, in anderen verschwand es einfach so.

Denn das andere ist eben noch nicht einmal Weltkrieg Nummer zwei. Das andere war einfach der Wille zur Assimilation. Es war offenbar attraktiv genug, ganz Amerikaner zu werden und sich die deutschen Wurzeln gleichsam als folkloristisches Gehölz ins Regal zu legen, wo sie einmal im Jahr herausgeholt und abgestaubt werden.

In der Regel passiert das im Herbst, wenn alle amerikanischen Brauereien ihre Oktoberfestbiere brauen und auf den Etiketten Umlaut-Pünktchen wie mit dem Salzstreuer verteilen. Dann sperrt in New York die Polizei einen Teil der Fifth Avenue für die Steuben-Parade, den Nationalfeiertag der Amerika-Deutschen.

Steuben: Preußischer General, focht im Revolutionskrieg für die Amerikaner.

Die Steuben-Parade: Männer in kurzen Hosen pusten mit roten Backen in Metall, blonde Mütter im Dirndl singen Liedgut, und Honoratioren winken von den Festwagen in die, na ja: Menge.

Die Leute, die das kulturpolitische Programm der AfD geschrieben haben, könnten es mögen. Ansonsten ist es ein eher bitteres Erlebnis, wenn man bedenkt, dass das nun das Eigentliche sein soll, das, was übrig bleibt nach hundert Jahre langem Sieben.

Ein bisschen Trachtenfolklore und die Maßkrüge in den *Bavarian Beer Gardens* natürlich.

Der bei mir um die Ecke wird von Griechen betrieben, die einem gerne auch Kölsch in den Maßkrug zapfen, und die Mexikaner in der Küche finden manchmal, dass Jalapeños gut zu Brezen passen. Das ist sicher nichts für Puristen. Aber dafür kommen sie einem in Amerika kaum noch mit Hitler und den Nazis. Man kann, vermutlich, nicht alles haben.

XXVIII

Was Deutschland hier für seine aktuellen Herausforderungen lernen könnte?

Offen gesagt: keine Ahnung.

Vielleicht, wer weiß, wäre schon etwas damit gewonnen, wenn es pragmatischer zuginge, mit weniger autoaggressiver Apokalyptik und weniger volkserzieherischem Kitsch.

Vielleicht wäre schon etwas damit gewonnen, wenn diejenigen, die in Sachsen am liebsten gar keine Fremden hätten, begreifen könnten, dass dadurch vor allem sie in der Bundesrepublik als fremd und unintegriert und rausschmisswürdig dastehen. Und ziemlich sicher wäre es hilfreich, wenn von *refugees* nicht mehr geredet würde, als handele es sich um Monchichis.

Und Dresden?

Als Anfang 2016 eine Initiative in der Stadt dazu aufrief, gerade am Montagabend mal wieder in der Innenstadt auszugehen, Einkaufsbummel zu unternehmen, Freunde zu treffen und einzukehren, da klang das erst ein wenig bizarr – und dann aber nach einem einschlägigen Vorbild.

Am 12. September 2001, einen Tag nach den Terroranschlägen auf das World Trade Center, hatte der damalige Bürgermeister Rudolph Giuliani seinen Bürgern im Fernsehen folgenden Rat gegeben: »Go about a normal day. Take the day as an opportunity to go shopping. Be with your children. *Do* things. Get out. Don't feel locked in.« Versuchen Sie, einen normalen Tag daraus zu machen. Nutzen Sie den Tag dafür, Einkäufe zu erledigen. Verbringen Sie Zeit mit Ihren Kindern. TUN Sie etwas. Gehen Sie raus. Fühlen Sie sich nicht eingeschlossen.

Prustendes Kopfschütteln damals natürlich bei denen, für die der Kapitalismus (»go shopping«) selbst schuld war an allem. Aber für New York, muss man im Rückblick sagen, hat sich dieser Winston-Churchill-hafte Geist von »Keep calm and carry on« zur Traumabewältigung einigermaßen bewährt. Angloamerikanische Bombenreaktionsroutine. Vielleicht passt das wirklich ausgerechnet ganz gut nach Dresden, wo sie zwar Gott sei Dank noch keinen Anschlag zu erleiden hatten, allerdings trotzdem mehrheitlich Hemmungen haben, montagabends noch in die Stadt zu gehen. Aber man muss ja das Zentrum nicht gänzlich denen vom Rand überlassen, bloß weil die Hemmungen vor den sonst üblichen Formen der politischen Zeichensetzfolklore offenbar genauso groß sind. Es ist am Ende nicht nur die Stadt von Anselmus, sondern auch die von Konrektor Paulmann, also nicht nur die von studentischen Ekstatikern, sondern auch die von nüchternen Pathosskeptikern, wie man bei E.T.A. Hoffmann nachlesen kann, und das lohnt sich ja immer.

XXIX

Wenn nun einmal der sogenannte Klartext das ist, was in der Luft liegt zur Zeit, der Realismus als anderes Wort für Utopieverweigerung, das »He tells it like it is« der Donald-Trump-Fans dieser Welt, dann bitte schön, *let's face it*: Die Taktik, sich für Fremde so unattraktiv wie möglich zu machen, funktioniert in der Regel; der Osten hat es in den Neunzigern bewiesen. Aber sie hat eben oft auch den Effekt, dass dann nicht nur die Fremden deswegen manchmal schnellstens wegwollen.

Nun ging es allerdings darum, von New York aus über Dresden nachzudenken, weil dort im Schauspielhaus eine Rede zu halten war, und diese Dresdner Reden im Schauspielhaus werden traditionell sonntagvormittags gehalten, erfüllen also sowohl den Tatbestand einer Sonntagsrede als auch einer säkularen Predigt. So etwas lässt sich gar nicht ohne irgendeine positive Vision, Zweckoptimismus oder wenigstens ein paar fröhliche Wünsche beenden.

Daher: Wenn ich mir was wünschen dürfte, dann, dass sich das Bild meiner Heimatstadt noch einmal umdrehen ließe. Von mir aus mit vorgeschobenen Unterkiefern, von mir aus gerne mit ortsüblicher Erbitterung. Energie wird es ja wohl brauchen. Warum schaffen die es, eine Frauenkirche wieder aufzubauen, aber nicht den Ruf ihrer Stadt, werde ich in Bezug auf die Dresdner manchmal gefragt. Und in Bezug auf die Deutschen: Wieso wachsen die nur dann logistisch über sich hinaus, wenn es darum geht, ein paar Millionen in den Tod zu schicken?

Buh?

Ich bin hier nur der Bote.

Wenn ich mir was wünschen dürfte, würden die frustrierten jungen Männer aus Nordafrika künftig gemeinsam mit den frustrierten älteren Männern aus Ostsachsen montags eine Runde spazieren gehen, das ist ja vor allem auch ein gemeinschaftsbildendes Erlebnis, heißt es immer. Und gegen Gender Mainstreaming sind sie ja schon mal beide.

Wenn Leute aus konservativen Kulturen auf Leute aus einer ebenfalls eher konservativen Kultur treffen, wobei die einen ständig Smartphones in der

Hand halten, wenn auch nicht immer die eigenen, während die anderen behaupten, ein Silicon Saxony zu sein, ein sächsisches Silicon Valley: Warum dann nichts Konstruktives draus machen? Irgendwas arbeitsintensives, einen digitalen Werkbund im Andenken an Ferdinand Avenarius und die Deutschen Werkstätten in Hellerau, ewig haltbare Computer für den Manufactum-Laden oder so. Denn die Alternativlosigkeits-Behauptungen im Technologie-Sektor mit seiner manischen Ressourcen-Verschwendung sorgen ja auch nicht gerade für wenig Wut in der Welt und zwar kulturübergreifend. (Nur so eine Idee, sicher albern. Andererseits: Wer hätte gedacht, dass man in Glashütte bei Dresden mit handgefertigten Armbanduhren noch Geld verdienen kann, die nicht mal Pulsdaten an die Krankenkasse weiterleiten?)

Mir wäre übrigens egal, woher jemand kommt, solange er seine Kinder Sächsisch sprechen lässt. Die aus Westdeutschland Zugezogenen tun es ja leider nicht.

Das Image von Städten lässt sich drehen. Denkt bei Berlin noch irgendjemand an das Geschnarre monokeltragender Offiziere? Denkt bei Berlin überhaupt noch jemand an Preußen? Berlin ist der leider in jedweder Hinsicht am wenigsten preußische Ort der Welt geworden. Denkt bei München noch jemand an Altnazis? Vor fünfundzwanzig, dreißig Jahren standen doch noch München und Bayern in dem Ruf, in dem jetzt Dresden und Sachsen stehen. Hat sich auch radikal geändert.

Wie wäre es, wenn man in Dresden eines Tages wirklich das erkennen würde, als was es sich immer schon gerne geriert hat: ein München des Ostens? Immerhin ist München die Großstadt, die einen der größten Ausländeranteile von allen wegsteckt, aber trotzdem keine nennenswerten Ghettos hat, sicher ist, auch stolz und schön und bisschen konservativ und selbstverliebt und sehr eindeutig nicht Berlin – aber deutlich selbstsicherer dabei. Ich weiß nicht, ob das wirklich daran liegt, dass die Münchner so viel fester im Glauben sind.

Hätte ich was dagegen, wenn die Dresdner Tabakfabrik, die sie aus Reklamegründen einst in der Form einer Moschee gebaut hatten, tatsächlich eine Moschee würde? Wenn ich mir was wünschen dürfte, würden die Leute da nur genauso selten hingehen wie die Christen in die Kirchen. Weil ganz einfach zu viel Besseres zu tun ist. Denn was ich mir am dringendsten wünsche, ist selbstverständlich dies: Dass niemals das süßliche Säuseln der Salafisten irgendein Ohr erreicht, weil immer, jederzeit sehr laut und in welcher Sprache auch immer irgendwer erklärt, wie schön man es habe in Dresden, auf Erden.

Ich weiß, leider, wie wenig realistisch das ist. Realistischer ist es vermutlich, sich auf Radikalisierung, Gewalt, Anschläge gefasst zu machen, und zwar auf beiden Seiten.

Aber hier geht es ja ums Wünschen.

XXX

Und die »Definition / Dessen, was Glück ist« steht geschrieben beim erwähnten Heinz Czechowski:

»Auf einer Bank sitzen
In Brockwitz am Strom
Wo einst das karolingische Großreich
Endete, so wie
Alle Träume einst enden;
Eine Flasche
Unverschnittenen Traminer im Blut,
Sachsen im Herzen,
Im Herzen der Welt,
Wenigstens meiner.«

Wenn meine Bank in Loschwitz stehen dürfte, zu Füßen der Manhattan Bridge von Dresden, mit Blick auf die Elbwiesen, wo auch der Zerrissenste gar nicht anders kann, als seine Mitte zu finden: Dann bräuchte es noch nicht mal den Wein.

Blaues Wunder

Bildnachweis

S. 19: Evelyn Richter, »Dresden um 1976«. Archiv der Ostdeutschen Sparkassenstiftung im Museum der bildenden Künste Leipzig

S. 26: Caspar David Friedrich, »Das Große Gehege bei Dresden«. © Galerie Neue Meister, Staatliche Kunstsammlungen Dresden, Foto: Jürgen Karpinski

S. 43: Bernhard Kretzschmar, »Straßenbahn«, undatiertes Aquarell, Lost Art Koordinierungsstelle Magdeburg/Getty Images

S. 51: Peter Paul Rubens, »Der Raub der Töchter des Leukippos«. bpk/Bayerische Staatsgemäldesammlung

S. 61: Ludwig Meidner, »Alaunstraße in Dresden«. 1914, Kupferstichkabinett Dresden

S. 70: Matz Griebel auf seinem Hochrad. Foto: © Ernst Hirsch

S. 105: Otto Dix, »Porträt Heinar von Schilling«. Städtische Sammlungen Freital, VG Bildkunst 2016

S. 113: Proteste in Freital. Jens Meyer/AP/Picture_Alliance

S. 114: Wolfgang Mattheuer, »Der übermütige Sisyphos und die Seinen«. 1976, Öl auf Leinwand, 200 x 200 cm, Galerie Neue Meister, Inv.-Nr. 81/02, VG Bildkunst 2016; Foto: Galerie Neue Meister, Staatliche Kunstsammlungen Dresden, Elke Estel

S. 132: Anita Kunz/Titelbild »The New Yorker«, 30. Juli 2007

S. 157: Blaues Wunder. Mauritius Images/Image Broker/ Torsten Becker